汽车美容装饰与改装服务实操手册

QICHE MEIRONG ZHUANGSHI
YU GAIZHUANG FUWU SHICAO SHOUCE

主　编　赵学斌　吴永强　冷啸颐

副主编　谢承丹　廖晓俊　何　艳
　　　　王国亮　郑　杰　冉显霞

参　编（排名不分先后）
　　　　张定平　蒋春梅　王五义　罗琴玲
　　　　余　健　郎少成　何俊池　赵桂林
　　　　何　鸿　李　宇　陈晓霞　陈洪琼
　　　　蒋　静　谭　明　刘　庆　陈　娜
　　　　邹东平

重庆大学出版社

图书在版编目（CIP）数据

汽车美容装饰与改装服务实操手册/赵学斌，吴永
强，冷啸颐主编.--重庆：重庆大学出版社,2022.8
ISBN 978-7-5689-3482-4

Ⅰ.①汽⋯　Ⅱ.①赵⋯②吴⋯③冷⋯　Ⅲ.①汽车—
车辆保养—手册②汽车改造—手册　Ⅳ.①U472-62

中国版本图书馆CIP数据核字（2022）第132239号

汽车美容装饰与改装服务实操手册

主　编　赵学斌　吴永强　冷啸颐
副主编　谢承丹　廖晓俊　何　艳
　　　　王国亮　郑　杰　冉显霞
策划编辑：陈一柳
责任编辑：陈一柳　　版式设计：陈一柳
责任校对：邹　忌　　责任印制：赵　晟
*
重庆大学出版社出版发行
出版人：饶帮华
社址：重庆市沙坪坝区大学城西路21号
邮编：401331
电话：（023）88617190　88617185（中小学）
传真：（023）88617186　88617166
网址：http://www.cqup.com.cn
邮箱：fxk@cqup.com.cn（营销中心）
全国新华书店经销
重庆五洲海斯特印务有限公司印刷
*
开本：787mm×1092mm　1/10　印张：10　字数：238千
2022年8月第1版　　2022年8月第1次印刷
ISBN 978-7-5689-3482-4　定价：49.00元

编委会

主　编　赵学斌　吴永强　冷啸颐

副主编　谢承丹　廖晓俊　何　艳　王国亮　郑　杰
　　　　冉显霞

参　编（排名不分先后）

　　　　张定平　蒋春梅　王五义　罗琴玲　余　健

　　　　郎少成　何俊池　赵桂林　何　鸿　李　宇

　　　　陈晓霞　陈洪琼　蒋　静　谭　明　刘　庆

　　　　陈　娜　邹东平

在汽车产业快速发展的今天，汽车生产企业为了提高自己的市场占有率，不断推出性能优良、款式新颖、色泽艳丽的汽车，以满足消费者对新、奇、特的追求，迎合不断变化的消费时尚。

汽车美容装饰与改装行业是汽车技术高速发展、消费观念不断更新及汽车文化深入人心的必然产物，因此该行业近年来得到长足发展，不仅成为我国一个新兴的服务业门类，而且蕴藏着广阔的市场空间。汽车美容装饰与改装行业为消费者正确选择与鉴别汽车美容与装饰产品，正确选择汽车养护、装潢与改装项目提供了帮助，同时也对从业人员的素质和人才培养提出了更高的要求。目前，我国汽车美容装饰与改装行业的从业者大多没有经过系统的学习和培训，理论知识不足，实践环节缺乏规范性，单凭经验操作，行业技术水平发展缓慢。为解决这些问题，适应社会各种要求，迅速提高汽车美容装饰与改装行业人员的技术水平，特组织编写了这本书。

本书从中职教育的实际出发，结合中职学生的特点，以结合教学和生产实际的需要作为编写的指导思想，系统地介绍了汽车美容装饰与改装的基本理论和实践规范，涵盖了与汽车美容装饰、改装相关的内容。全书共有五个模块，完整、翔实地介绍了汽车装饰美容与改装的基本知识，并重点讲解了实际操作。本书主要突出实图、原理与实操相结合，配套开发了教学微课，编者力图通过这种方式使本书成为一种学生易学、教师易教、效果独到的专门化和立体化教材。本书特点主要表现在以下几个方面：

（1）介绍汽车美容装饰与改装行业的市场主要操作项目，条理清晰，简明易懂。

（2）通过每章后操作实例进行展开学习，加强理论与实践相结合，着重提高学生的实际操作能力。

（3）对市场的相关产品进行必要的介绍，讲解其使用方法。

（4）本书在编写之前，进行过广泛的行业调查，确保本书的理论和实践不与生产一线脱节。

本书由重庆市彭水县职业教育中心赵学斌、吴永强、冷啸颐担任主编，谢承丹、廖晓俊、何艳、王国亮（企业专家）、郑杰、冉显霞担任副主编。本书的编写参考了国内外有关的大量资料和文献，在此向原作者一并表示诚挚的谢意。

由于编者水平有限，书中难免会有疏漏和不足之处，恳请读者和业内专家批评指正。

编　者
2022 年 4 月

目 录
Contents

模块一　汽车精致清洗服务

　　汽车精致清洗服务是汽车美容项目的基础组成，它包括汽车外表和内部的清洗、清洁。汽车清洗时的步骤、操作方法、清洁用品等内容都是汽车清洗的重要注意事项，定期、有效的汽车清洗对汽车有较好的保养效果。

　　通过学习本模块的任务内容可完成"1+X"汽车美容装饰与加装服务技术-初级-强化项目-全车内外清洗与清洁护理模块考核。

任务一　汽车外部清洗

+ 任务描述

汽车外部清洗

　　张先生每天开着车上下班，周末也与家人开车去郊外游玩，车的外部有大量污渍，如引擎盖处有两处鸟粪痕迹。假如你现在就是洗车工，应该怎样进行清洗呢？

+ 任务目标

知识要求：
①掌握正确引导客户车辆进入工位的流程。
②掌握高压洗车机使用、汽车清洗机调配、汽车清洁工具选用等知识。
③掌握汽车精致清洗作业的流程。

技能要求：
①能正确引导车辆进入工位。
②能熟练使用高压洗车机，调配汽车清洗机，选用汽车清洁工具等。
③能按照标准流程进行精致清洗作业。

素养要求：
①严格执行工艺流程，质量意识强。
②与所有客户和同事保持良好合作关系。
③感受客户对服务满意度的需求。

+ 必备知识

一、汽车清洗概述

1.汽车清洗的概念

汽车清洗是采用专用设备和清洗剂，对汽车车身及其附属部件进行清洁处理，使之保持或再现原有风貌的基本美容工序。

2.汽车清洗的作用

（1）保持汽车外观整洁

汽车在行驶中经常置身于飞扬的尘土中，雨雪天气时可能还要在泥泞道路上行驶，车身外表难免沾上灰尘、泥土等污垢。这些污垢都会影响汽车外观的整洁度，为使汽车外观保持清洁亮丽，必须经常对汽车进行清洗。

（2）清除车身表面顽渍

车身表面沾上了树汁、鸟粪、虫尸、焦油或沥青等顽渍，若不及时清除就会腐蚀漆层，给护理增加难度。因此，车主要养成经常检查车身表面的习惯，一旦发现具有腐蚀性的顽渍应当尽快清除，如已腐蚀漆层必须到专业汽车美容店进行处理。如果漆面受损严重，还需喷漆处理，增加美容成本。

（3）清除大气污染物的侵害

车身最外层是一层薄薄的漆面，保护漆面是保护汽车外观的首要任务。大气中有多种能对车身车表产生危害的污染物，尤其是酸雨的危害性最大，它附着于车身表面会使漆面形成有色斑点，如不及时清洗会造成漆层老化。轻微的酸雨可以用专门去酸雨的物品清除，严重的酸雨则需使用专业的设备和清洗剂才能彻底清除。因此，车主应定期将汽车送到专业汽车美容店进行清洗。

3.汽车清洗的时机

汽车清洗的时机主要根据天气、行驶的道路状况等情况来把握。

（1）根据天气情况确定

一般有三种天气情况：一是连续雨天，这种天气，车身表面污渍以泥土为主，只要用清水将全车喷洒，使车上的泥土掉落，然后用湿毛巾或湿布擦拭全车所有玻璃即可；天晴后，应马上进行全车清洗。二是连续晴天，这种天气，车身表面污渍以灰尘为主，只要用鸡毛掸子将车身表面的灰尘清除，再用湿毛巾或湿布擦拭前后风窗玻璃及车窗与两旁的后视镜。一般先清洗车顶，再清洗前后风窗玻璃、左右车窗、车门，最后清洗发动机盖及行李舱盖等处。如果这种天气时间较长，大约一周应做一次全车清洗。三是忽晴忽雨，遇到这种天气，就要常常清洗车身表面。

（2）根据汽车行驶的道路状况确定

一般在工地中行驶或行经工地时，车辆的车身都会被工地的污泥所溅及，应立即使用清水予以彻底清洗，以免附着太久伤及漆面；行驶在有露水或有雾的海岸时，如驱车在海边垂钓过夜，因海水盐分重且又有露水，雾气湿重，倘若返回后不立即用清水彻底清洗一遍，则车身钣金就会遭受海水盐分的腐蚀；行驶在有露水或有雾的山区时，只要在停车后，使用湿毛巾或湿布擦拭一遍即可；行驶在砂石路面时，很容易沾上泥土，尤其在雨天这些土路便成了泥泞路，在这样的道路上行驶，汽车最好每天都进行清洗。

二、汽车清洗用品的选用

汽车清洗用品主要用于清洗汽车车表及主要部件的污垢，部分产品能对车表起到保护作用。汽车清洗用品根据功能不同可分为以下几种。

1.水系清洗剂

水系清洗剂是国内外汽车专业美容行业广泛采用的一种专用汽车清洗剂，它不同于除油脱脂剂，其配方中基本不含碱性盐类（图1-1）。它一般由多种表面活性剂配制而成，具有很强的浸润和分散能力，能够有效地去除车身表面的尘埃、油污，防止交通膜的形成，并能保护车身不受各类有害物质的侵蚀，保持漆面原有光泽。

2. 有机清洗溶剂

有机清洗溶剂是用于去除车身表面的油脂、润滑油、污垢、硅酮抛光剂、橡胶加工助剂以及手印等有机污物（图1-2）。常使用的有机清洗溶剂有煤油、汽油、甲苯、二甲苯及200号溶剂汽油。在使用有机清洗溶剂时，尽量避免其接触到塑料、橡胶部件，以免造成部件老化。另外，用进口清洗溶剂在热塑性丙烯酸面漆上擦拭前，需认真阅读产品说明书，按要求进行操作。各类有机清洗溶剂具有不同的特点，在汽车美容操作中要根据实际需要合理选用。

3. 二合一清洗剂

二合一清洗剂又称二合一香波，是一种高级表面清洁剂，它具有清洗、护理（打蜡）两种功能，可以满足快速清洗兼打蜡的要求（图1-3）。它主要由多种表面活性剂配制而成，其中上蜡成分是一种具有独特配方的水蜡，在清洗作业中可使漆面形成一层蜡膜，增加车身鲜艳程度，有效保护车漆。

图1-1　水系清洗剂　　　　图1-2　有机清洗溶剂　　　　图1-3　二合一清洗剂

三、汽车清洗工具、设备的选用

1. 汽车清洗工具

（1）毛巾

专业汽车美容店里需准备多种类型的毛巾（图1-4），根据不同的擦拭地方，可分为大毛巾、小毛巾、干毛巾等。大毛巾主要用于车身表面的擦拭；小毛巾主要用于擦拭车身凹槽、门边和内饰等部件的污垢；干毛巾主要用于第二次擦拭车身的水渍，防止车漆产生水斑。

（2）麂皮毛巾

麂皮毛巾是一种化学合成皮，主要材料是聚乙烯醇，俗称人工麂皮（图1-5）。麂皮毛巾质地柔软，有利于漆面的保护，并具有出色的吸水性，在汽车清洗作业中运用广泛。运用时，要将麂皮毛巾放进清水浸湿后再拧干成半湿性麂皮毛巾来使用，可应用在轿车漆面、内饰及玻璃的清洁与吸水等方面。

图1-4　毛巾

图1-5　麂皮毛巾

（3）洗车刷和毛刷

洗车刷主要用于轮胎、挡泥板等处附着泥土垢的清除（图1-6）。由于这些部位泥土附着较厚，不易冲刷洁净，所以在洗车时应对其进行有针对性的冲刷。毛刷（图1-7）选用鬃毛最佳，鬃毛刷不但具有较好的耐磨性，还可以减轻冲刷作业对橡胶、塑料件等产生磨损，最好不使用塑料纤维板刷。

图1-6　洗车刷

图1-7　毛刷

（4）钢丝刷

钢丝刷只用于金属除锈、除顽固污垢等清洗工作（图1-8）。

（5）海绵

海绵具有柔软、弹性好、吸水性强和藏土能力较好等特点（图1-9）。根据海绵的材质，可将其分为粗海绵和软海绵。粗海绵通常用于去除较强的污垢或清洗轮胎；软海绵通常都用于汽车美容车身清洗，有利于保护车漆和提高作业效率。

图1-8　钢丝刷

图1-9　海绵

2.汽车清洗设备

（1）高压洗车机

高压洗车机是通过动力装置使高压柱塞泵产生高压水来冲洗物体表面的机器，喷射高压水柱能剥离、冲走、清理污垢，达到清洗物体表面的目的。高压洗车机具有科学、经济、环保的清洁特点。

高压洗车机可分为冷水高压清洗机、热水高压清洗机、电机驱动高压清洗机、汽油机驱动高压清洗机等。冷水高压清洗机一般由水泵、电动机等组成，可安装在轻便的推车上（图1-10），与之配套的部件主要有进水软管和出水软管、各种规格的喷枪、刷洗用的毛刷等。热水高压清洗机是一种小型轻便的清洗设备，操作灵活，使用效果好，一般在北方冬季使用，它和冷水高压清洗机结构相似，增加了一套加热装置（图1-11）。

高压洗车机操作要领：使用时，右手握住水枪头，左手控制管子配合右手，枪头距离车身20~40 cm。清洁车顶时，水枪高于车顶20 cm，右手高举水枪；清洁车顶以下其他部位时，人在一侧与车身保持45°夹角冲洗（图1-12）。清洁后整个车身、底边部位应注意不能有泥沙等污物。

（2）空气压缩枪

空气压缩枪主要用于吹水时使用。吹水时一手拿枪，一手拿毛巾，毛巾始终放在气枪之后，用枪吹水时需朝一个方向吹，边吹边擦（图1-13），要求边缝没有水流出，干净无污垢，如有污垢残留，应立即清除。在吹风擦干的过程中，避免吹风枪头和吹风枪管接触到车漆任何部位，还要特别注意边缝角等难擦部位。

图1-10 冷水高压清洗机

图1-11 热水高压清洗机

图1-12 高压洗车机操作要领

图1-13 空气压缩枪操作要领

+ 作业准备

主要实训器材选用见表1–1。

表1–1 主要实训器材

实训器材	用途
大毛巾	用于擦拭车身表面
小毛巾（红、绿、蓝、咖啡色）	用于擦拭车身凹槽、门边和内饰等部件的污垢
泥沙松弛剂	能快速松脱漆面上的泥沙、污渍
洗车液	清洗车辆
洗车手套	用于擦洗车身，洗车手套上的绒毛可以容纳灰尘，使汽车漆面在擦拭时避免被灰尘划伤
洗车海绵	清除车身漆面上附着力较强的污垢
轮胎刷	刷毛硬度较大，可以将轮胎上的污物刷除
钢圈刷、缝隙刷	清理灰尘
自洁素	清洗轮胎、轮毂上的污渍
吹水枪	清理灰尘，吹水
麂皮	应用在轿车漆面、内饰及玻璃清洁与吸水等方面
多功能泡沫清洗剂	清除车表常见污物
柏油沥青清洗剂	可强力清除油脂、地面污垢、汽车造成的路面污垢
表板蜡	能有效防止仪表板、车内饰件等老化
轮胎上光剂	用于保养轮胎
橡胶皮还原剂	迅速消除污垢
2000# 水砂纸	打磨锈斑
水泥克星	清除水泥
除胶剂	除胶

检查实训器材工作使用情况，穿戴防护工具。

+ 实训操作

任务环节	工作内容	图片
1. 正确引导客户车辆进入工位	①车辆引导员或洗车机操作员负责车辆引导工作，引导手势要求统一规范	

续表

任务环节	工作内容	图片
1. 正确引导客户车辆进入工位	②客户下车时，伸手做护头礼；待客户下车后用规范的手势引导客户进入休息区；使用规范语"请您里面坐！"	
	③车辆检查，环车一周，检查漆面、玻璃有无破损、划痕等	
	④客户确认交车后，要礼貌提示客户交接车辆钥匙，并提示："请您保管好您的贵重物品！"	
2. 全车冲水	①清理发动机灰尘。作业人员 A 负责打开引擎盖，用气枪吹去发动机表面的灰尘，并用抹布擦拭发动机	
	②撤出车内脚垫。作业人员 B 负责将原车脚垫从车里全部撤出，平铺在地面上	
	③喷洒泥沙松弛剂。作业人员 A 负责将泥沙松弛剂喷洒于车漆面	

任务环节	工作内容	图片
2. 全车冲水	④调试水压。作业人员 A 负责调整洗车机压力为 4 MPa（兆帕），水枪方向与车表保持 45° 夹角，水枪与车身之间距离 25 ~ 60 cm，测试水枪压力。注意：应先关洗车机后关水枪，否则压力会使水管爆开	
	⑤高压水枪冲水。作业人员 A 负责用长枪冲洗汽车底边、轮弧、轮毂、轮胎	
	⑥清洗脚垫。脚垫的材质分为可水洗和不可水洗两种，应选择合适的清洗方法	
	⑦清洗轮胎、轮毂。作业人员 A 和 B 同时开始操作，A 在车体的左侧，B 在车体的右侧；作业人员左手拿水枪，右手拿轮胎刷，一边用水枪冲洗轮胎和轮毂，一边用钢圈刷、轮胎刷刷洗轮胎和轮毂，再用毛巾或海绵擦拭轮毂	
3. 喷洒洗车液	从上到下、从前往后喷洒。喷洒顺序：车顶→引擎盖→前杠→左侧车身→后备厢盖→后杠→右侧车身	

续表

任务环节	工作内容	图片
3. 喷洒洗车液	从上到下、从前往后喷洒。喷洒顺序：车顶→引擎盖→前杠→左侧车身→后备厢盖→后杠→右侧车身	

任务环节	工作内容	图片
4. 擦洗车身及擦拭边锋（作业人员 A 和 B 共同负责）	①作业人员 A 负责车体的左侧，B 负责车体的右侧，右手拿羊毛手套，同时开始擦拭	
	②按从前往后，从上到下的顺序擦拭车体	
5. 二次冲水	高压水枪冲水。作业人员 A 负责用长枪进行二次冲水，冲洗汽车车身、底边、轮弧、轮毂、轮胎	
6. 擦干车身	①擦干漆面水（作业人员 A 和 B 负责）。A 负责车体的左侧，B 负责车体的右侧，两人同时开始作业，按从前向后、从上向下的顺序擦拭	
	②擦拭门边（作业人员 A 和 B 共同负责）。打开车门，A 负责车体的左侧，B 负责车体的右侧，两人同时开始作业。用毛巾擦拭车门门边、车门内侧漆面及车缝隙处（车门与车体接触处）	

续表

任务环节	工作内容	图片
6. 擦干车身	③中网缝隙（作业人员 B 负责）。用毛巾擦拭发动机表面及中网缝隙处	
	④擦车体底边（作业人员 A 负责）。用毛巾从引擎盖底边开始擦拭，按顺时针或逆时针进行作业	
7. 风枪吹水	①吹干边缝水渍（作业人员 A 和 B 共同负责）。A 负责车体的左侧，B 负责车体的右侧，两人同时作业	
	②右手拿气枪，左手拿毛巾，双手同时操作，用毛巾把吹出来的水渍擦拭干净，气枪应朝同一个方向呈 45° 角吹干水渍	
8. 现场 7S 管理	清洁地面，整理工具	

+ 学习任务

一、选择题

1. 清洗车身时发现有油污，不能用于清除的是（　　　）清洁剂。
　　A. 英特使 M-2000 洗车液　　　　B. 汽油　　　　　　C. 甲苯　　　　　　D. 二甲苯

2. 使用高压水枪清洗车身时，人在一侧与车身成（   ）夹角最佳。

    A.90°   B.45°   C.60°   D.15°

3.（   ）有利于漆面的保护且具有出色吸水性。

    A. 麂皮毛巾   B. 普通毛巾   C. 纯棉毛巾   D. 涤纶毛巾

4. 全车冲水环节的清洗顺序是（   ）。

    A. 车底→车轮→车顶→车身   B. 车底→车身→车轮→车顶

    C. 车顶→车身→车轮→车底   D. 车身→车底→车顶→车轮

5. 调试水压时应调整为（   ）MPa。

    A.2   B.4   C.6   D.8

二、填空题

1. 使用水系清洗剂可保护车身不受各类有害物质的＿＿＿＿＿＿＿＿＿＿＿，保持漆面原有＿＿＿＿＿＿＿＿＿＿＿。

2.＿＿＿＿＿＿＿＿是一种化学合成皮用于擦拭汽车清洗后产生的水渍。

3.＿＿＿＿＿＿＿＿用于擦干洗车水迹，需求有出色的吸水性。

4. 请写出常用防护工具：＿＿＿＿＿＿＿＿、＿＿＿＿＿＿＿＿、＿＿＿＿＿＿＿＿。

5. 请写出全车冲洗所需的工具设备：＿＿＿＿＿＿＿＿、＿＿＿＿＿＿＿＿、

＿＿＿＿＿＿＿＿、＿＿＿＿＿＿＿＿。

三、简答题

请按顺序写出汽车外部清洗步骤。

+ 考核评分

任务名称：精致洗车				实习日期：				
姓名：	班级：			学号：		导师签字：		
自评：	师评：			企业评：				
序号	评分项	得分条件	分值	评分要求	自评	师评	企业评
1	安全、7S、态度	□①能进行工位 7S 操作 □②能进行设备和工具的安全检查 □③能进行车辆安全防护操作 □④能进行工具清洁、校准、存放操作 □⑤能进行三不落地操作	10	未完成1项扣2分，扣分不得超10分	□熟练 □不熟练	□熟练 □不熟练	□合格 □不合格
2	专业技能能力	作业一： □①能正确从上往下对车身冲水 □②能正确调配洗车液	50	未完成1项扣5分，扣分不得超50分	□熟练 □不熟练	□熟练 □不熟练	□合格 □不合格

续表

序号	评分项	得分条件	分值	评分要求	自评	师评	企业评
2	专业技能能力	□③能正确喷洒洗车液 □④能正确进行车身擦洗 □⑤能正确清洗车轮 □⑥能正确清洗底盘 □⑦能正确进行第二次冲洗 □⑧能正确进行车身擦干 □⑨能正确进行车身吹干 作业二： □①能正确清洗前后挡风玻璃 □②能正确清洗后窥镜 □③能正确清洗车窗玻璃 □④能正确清洗大灯外观 □⑤能正确清洗内饰 □⑥能正确给轮胎上光	50	未完成1项扣5分，扣分不得超50分	□熟练 □不熟练	□熟练 □不熟练	□合格 □不合格
3	工具及设备的使用能力	□①能准确指出设备存在的隐患 □②能正确使用水枪及空压机 □③能正确选用清洗工具 □④能正确选用清洗剂和防护剂 □⑤能正确使用擦拭工具	20	未完成1项扣5分，扣分不得超20分	□熟练 □不熟练	□熟练 □不熟练	□合格 □不合格
4	数据判断和分析能力	□①能判断车身漆面是否清洗干净 □②能判断车轮部位是否清洗干净 □③能判断底盘是否清洗干净 □④能判断发动机外部是否清洗干净 □⑤能判断内饰是否清洗干净 □⑥能判断玻璃是否清洗干净	20	未完成1项扣5分，扣分不得超20分	□熟练 □不熟练	□熟练 □不熟练	□合格 □不合格

+ 思考总结

你真棒！通过本任务的学习，你已经掌握知识与技能，请你思考并写出如何吸引客户办理会员服务的小方案。（提示：热情友好接待客户、高效专业完成任务、提高客户满意度）

+ 知识拓展

1. 清洗车身的重要性

定期清洗车身能使汽车清洁亮丽、光彩如新，全车冲水工作是延长汽车漆面寿命的基本工作。现代汽车所使用的烤漆型面漆，是可以为车身提供光亮度的保护面。即使现在汽车车漆使用的漆质再硬、漆膜再厚，但在长时间的风化、酸雨、高温、强光、树汁、鸟粪、虫尸等特殊环境的影响下，若未能及时护理，也会给漆面造成诸多不良影响。其中，化学污染过的雨水或融化的雪水，对漆面的损害最为严重。阳光紫外线透过车身上的酸雨水珠，聚光点的穿透能力极强，如果不及时进行护理，就会在车漆表层产生极难处理的印痕，而有害物质的不断沉积、腐蚀、渗透，使车漆褪色、失去光泽、形成氧化层。平时用车蜡掸清除车身的灰尘，可使漆面得到最基本的保护，少受外界有害物质的侵蚀。

2. 提高服务质量

在开展全车清洗工作之前，应将客户车辆安全驶入工位以确保车辆清洗过程中的安全。车辆进入工位后，环车仔细观察，检查车身外观、轮胎气压有无异常，将情况登记并与客户确认。观察车窗、天窗是否关闭正常，防止进水。观察并分析车身不同位置的洁净情况，以便进行全车冲水作业。在时间允许的条件下，对车身进行预洗是专业的体现。可用低压清水从上到下、从左到右喷洒全车，让车身表面的污垢、虫渍充分湿润，方便冲洗。

3. 高压洗车机使用的安全注意事项

操作高压清洗机时，须始终戴适当的护目镜、手套和面具；保持手和脚始终不接触清洗喷嘴；经常要检查所有的电接头；经常检查所有的液体；经常检查软管是否有裂缝和泄漏处；未使用喷枪时，须将设置扳机处于安全锁定状态；总是尽可能地使用最低压力来工作（但这个压力要能足以完成工作）；在断开软管连接之前，总是要先释放清洗机里的压力；每次使用后总是要排干净软管里的水；不要将喷枪对着自己或其他人；在检查所有软管接头都已在原位锁定之前，不要启动设备；在接通供应水并让适当的水流过喷枪杆之前，不要启动设备，然后再将所需清洗喷嘴连接到喷枪杆上。

任务二　汽车内部清洗

＋任务描述

汽车内部清洁

　　　　　一天，张先生带着家人开车自驾游，没想到宝宝居然晕车，猝不及防吐了一车。虽然张先生当时对车内污物进行了处理，但车内仍有异味，需要进行认真地清洗。那么，清洗汽车内部需要经过哪些流程呢？

＋任务目标

知识要求：
①认识专业汽车内饰清洗的必要性。
②熟悉专业汽车内饰清洗的作业项目。
③掌握专业汽车内饰清洗的方法。

技能要求：
①能正确识别和合理选用汽车内饰清洗剂。
②能按照标准流程对汽车内部进行清洗作业。

素养要求：
①严格执行工艺流程，质量意识强。
②与所有客户和同事保持良好合作关系。
③小组配合，增强协作、沟通意识。

＋必备知识

一、汽车内饰清洁的必要性

　　①汽车内饰清洁有助于延长汽车使用寿命。汽车内饰的清洁、杀菌、除臭可以有效地防止各种污物对内饰，如地毯、真皮座椅、纤维织物等的腐蚀，同时专业汽车美容店还有专门的内饰保养上光剂用于保护内饰各个部件。

　　②创造良好的车内环境，保护人体健康。汽车内饰中的地毯、座椅、空调风口、行李箱等处，经常接触潮湿的空气或水渍，最易滋生细菌，使内饰霉变，散发出臭气，不但影响了汽车内空气环境，更是对人体健康产生威胁。汽车内饰清洁，能改善车内环境，保护驾乘人员的健康。

二、汽车内饰的材料

为了使轿车车厢更加舒适和美观，且造价成本得到有效控制，高级轿车的坐垫多采用手感柔和、色泽饱满的皮革或呢绒材料，而普通轿车常常采用化纤织物；高级轿车的仪表台可能镶嵌胡桃木、花梨木等高级木材，而多数车辆直接使用橡塑材料。

1. 皮革材料

目前，市面上流行的皮革制品有真皮和人造皮革两大类。真皮采用动物皮革，通过鞣制、拼接等工艺处理后舒适性、透气性、耐磨性均优于人造皮革。人造皮革中合成革和人造革是由纺织布或无纺布作基底，用聚氨酯涂覆并采用特殊发泡工艺处理而成的，有的表面手感酷似真皮，但是透气性、耐寒性、耐磨性均不如真皮。

皮革制品在使用过程中容易出现松面、裂浆、掉浆、露底、掉色等多种问题，因此皮革制品在使用过程中的保养与维护很重要。

2. 橡塑材料

橡塑是橡胶和塑料的统称，它们最本质的区别在于塑料发生的是塑性变形，而橡胶发生的是弹性变形。橡胶分为天然橡胶和合成橡胶，在使用过程中会由于橡胶自身原因和外部环境因素（如氧、热、光、机械性疲劳等原因）造成老化现象，表现为橡胶制品龟裂或硬化，导致橡胶物性退化。塑料可以分为热塑性塑料和热固性塑料，这两种塑料在内饰中均有采用，同橡胶一样，在使用过程中也会出现塑料的老化现象。

3. 纤维材料

纤维材料可以分为天然纤维和化学纤维两种。天然纤维是指由棉、麻或毛为原料加工制成的成品材料。天然纤维材料的特性是安全环保、舒适性好，但是容易脏污，清洁保养比较麻烦。化学纤维是以天然或人工合成的高分子物质为原料经过化学或物理的方法加工而得到的纤维制品。化学纤维由于各种高分子物质的作用，有的性能已经优于天然纤维，因此在汽车内饰中也大量使用。

4. 合金材料

合金是由两种或两种以上的金属或非金属经一定方法所合成的具有金属特性的物质，一般通过熔合成均匀液体后凝固而得。在汽车装饰部件上使用的合金绝大多数都是镀到基材上的，主要是为了增加其耐磨性和美观度，并且满足车主不同的个性化需求。

5. 木质或仿木质材料

木质或仿木质材料也是轿车内饰的主要材料之一，一般镶嵌在仪表板、中控板、门扶手等地方。桃木具有美观、高雅、豪华等特点，其独有的花纹图案可以获得特殊的装饰效果，因此一些中高端轿车多采用桃木作为内饰材料，而中低端车在车内配置仿桃木材料来提高装饰效果。部分豪华轿车还采用胡桃木、花梨木等贵重木材来彰显其身份。

三、车内污垢的种类与形成过程

1. 车内污垢的种类

· 水溶性污垢：糖浆、果汁、血液、黏附性的液体等。

· 非水溶性固态污垢：泥、沙、金属粉末、铁锈、花粉、霉菌、虱虫等。

· 油脂性污垢：润滑油、漆类产品、油彩、沥青、食物油等。

2. 污垢的形成过程

（1）粘附

污垢会在重力的作用下停落或粘附在物件表面，当有压力或摩擦力产生时，污垢也会渗入物件的表层纹理，变得难以去除，如汽车仪表台上的灰尘。

（2）渗透

饮料或者污水等液体污物会渗透物件的表层，被物体所吸收，以致很难清除，如织物座椅或者脚垫上的饮料或血渍。

（3）凝结

黏性污垢变干凝固后，会紧紧粘贴在物件表面，如汽车内饰顶棚或织物座椅上的轻油类污垢。

3. 去除污渍的方法

想要有效去除污渍需要以下 4 个方面的作用相互配合，才能发挥最佳的清洁效能。

①高温蒸汽。高温蒸汽可使极难去除的污垢在清洗之前得到软化，为手工清洁内饰部件上的污渍做好准备。

②水。用水可以去除水溶性污垢，但不能去除油脂性污垢，难以清洁内饰部件上的非亲水污垢。

③清洁剂。对于不同内饰材质有针对性地使用专业清洁剂，能高效去除各种内饰污垢，如织物清洁剂、皮革清洁剂、塑料清洁剂等。

④作用力。用力清洗内饰部件时，拍打、刷洗、挤压等方法皆有助于去除污垢。

四、汽车内饰清洗流程

工作人员 A 负责主驾驶清洗：

内饰检查→整理物品→清洗天窗→安全保护→吸尘→顶棚→A 柱→仪表台→方向盘→座椅→左前门边框→左前门板→B 柱安全带→C 柱及后置物台→左后排座椅→左后门边框→左后门板→地毯。

工作人员 B 负责副驾驶清洗：

撤出脚垫→清洗脚垫→清洗左右侧车窗边框→安全保护→顶棚→A 柱→仪表台→中控台→座椅→右前门边框→右前门板→B 柱安全带→C 柱及后置物台→后右排座椅→右后门边框→右后门板→后备厢。

汽车内饰清洗的作业项目如图 1-14 所示。

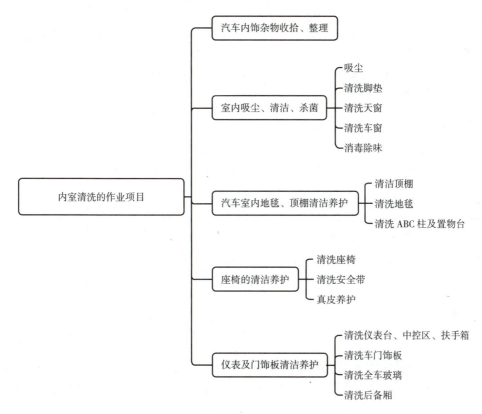

图 1-14   汽车内饰作业项目

+ 作业准备

主要实训器材的选用见表 1-2。

表 1-2   主要实训器材

实训器材	用途
内饰清洗枪	可用于脚垫、顶棚、ABC 柱、仪表台、扶手箱、边缝、座椅、门板等部位的清洗
臭氧消毒机	对全车内饰消毒、杀菌、除味
毛巾	可用于脚垫、天窗、车窗、顶棚、ABC 柱、中控台、方向盘、组合开关、座椅、安全带、门板、脚踏板等部位的清洁除渍
麂皮毛巾	可用于脚垫、天窗、车窗、玻璃、顶棚、ABC 柱、中控台、方向盘、组合开关、座椅、安全带、门板等部位的清洁除渍和对电子电器进行安全保护
百洁布	可用于顶棚、天窗、车窗、顶棚、ABC 柱、中控台、方向盘、组合开关、座椅、安全带、门板等部位的清洁除渍
魔术海绵	可用于座椅、真皮门板的清洗和真皮养护

续表

实训器材	用途
缝隙刷	可用于车窗缝隙、天窗轨道、中控台、方向盘、组合开关、玻璃升降器等开关部位的清洁
多功能泡沫清洗剂	可用于脚垫、车窗、丝绒座椅、安全带、脚踏板、地毯等部位的清洁
皮革清洗剂	可用于真皮座椅、真皮门板、皮塑做衬的后备厢等部位的清洁
皮革养护剂	可用于仪表盘、门板、座椅等部位的真皮养护
全能清洁剂或绒布清洗剂	可用于顶棚、丝绒门板、玻璃升降器等部位的开关，胶垫、绒毛做衬的后备厢等的清洗
水桶	可用于清洗毛巾、刷子等
脚垫刷	用于脚垫的清洗
吸尘器	用于仪表台等部位的吸尘

检查实训器材工作使用情况，穿戴防护工具。

+ 实训操作

任务环节	工作内容	图片
1. 接车检查	①检查漆面有无破坏、划伤、凹点、掉漆、碰撞、龟裂的地方，并进行登记	
	②检查内饰有无破损，皮革、真皮有无老化、破裂褪色等现象	
	③检查各开关按钮是否正常,包括音响、空调、车门玻璃升降是否正常	

任务环节	工作内容	图片
1. 接车检查	④检查顶棚绒布有无起球、掉毛、脱落、破坏等现象	
	⑤检查前后车牌、中网、各灯泡、轮胎轮辋是否完好无损	
2. 汽车内饰杂物收拾、整理	取走车内所有东西（包括后备厢），放在手推车上，记住物品的原位置，以便放回	
3. 室内吸尘、清洁、杀菌	①安全保护。根据不同车型，采用毛巾、麂皮、塑料薄膜对影音区、开关按钮区等电子仪器进行安全保护	
	②吸尘。用吸尘器将仪表台、中控区、储物盒、储物箱、凹槽、边角、椅缝的尘灰去除	
	③撤出车内脚垫并进行清洗。将原车脚垫从车里全部撤出，平铺在地面上，根据脚垫的材质不同，选择合适的清洗方法	

续表

任务环节	工作内容	图片
5. 座椅的清洁养护	②真皮养护。将内饰养护剂倒在海绵上，轻挤海绵使其均匀摊开，涂抹要均匀，同时达到滋养、保护的作用	
	③清洗安全带。按从上到下的顺序，在安全带正反两面喷涂中性清洗剂，用湿毛巾夹住安全带来回擦拭，再用旋风干洗枪将其吹干，最后用干毛巾擦拭干净	
6. 仪表及门饰板清洁养护	①清洗仪表台、中控区、扶手箱。从前至后用内饰清洗枪进行清洗，再用毛巾擦拭一遍。中控台、方向盘、组合开关要用小刷和毛巾擦拭，将边缝内的残留物吹出，最后擦干	
	②清洗车门饰板。汽车门板主要有丝绒和真皮两种，应按照其材质的不同选择合适的方法	
	③清洗地毯。将座椅后移至末端，用吸尘器将座位下的垃圾吸净。在脚踏板、脚刹、离合、刹车、油门、座椅支架轨道上喷涂清洗剂并用毛刷清洗一遍，然后用湿毛巾擦拭干净	

任务环节	工作内容	图片
6. 仪表及门饰板清洁养护	④安放脚垫	
	⑤清洗全车玻璃。把半湿润的专用毛巾折成方形,从上往下或从左到右呈直线擦洗玻璃内、外两侧。把干的专用毛巾折成方形,从上往下或从左到右把玻璃抛亮	
	⑥清洗后备厢。把后备厢边沿、水槽的污垢清洗干净。绒毛做衬的部分用多功能绒毛清洁柔顺剂进行清洗;对于皮塑做衬的部分主要采用真皮的清洗方法进行清洗	
7. 消毒除味	用臭氧消毒机或者蒸汽桑拿机及其他消毒杀菌产品对内饰进行消毒、杀菌、除味	
8. 现场 7S 管理	清洁地面,整理工具	

+ 学习任务

一、理论学习单

1. 作业前准备

(1) 常用防护工具有_____、_____、_____、_____、_____。

（2）全车冲洗所需的工具设备有＿＿＿＿＿＿＿＿＿＿＿、＿＿＿＿＿＿＿＿＿＿＿、

＿＿＿＿＿＿＿＿＿＿＿、＿＿＿＿＿＿＿＿＿＿＿。

（3）接车时应检查＿＿＿＿＿＿＿＿＿、＿＿＿＿＿＿＿＿＿、＿＿＿＿＿＿＿＿＿、

＿＿＿＿＿＿＿＿＿、＿＿＿＿＿＿＿＿＿等。

2. 清洗

（1）根据脚垫的材质不同，可分为＿＿＿＿＿＿＿＿＿和＿＿＿＿＿＿＿两种。

（2）内饰的材料有＿＿＿＿＿＿＿＿＿、＿＿＿＿＿＿＿＿＿、＿＿＿＿＿＿＿＿＿、

＿＿＿＿＿＿＿＿＿、＿＿＿＿＿＿＿＿＿。

（3）内饰品清洁剂主要分为＿＿＿＿＿＿＿＿＿、＿＿＿＿＿＿＿＿＿、＿＿＿＿＿＿＿＿＿、

＿＿＿＿＿＿＿＿＿、＿＿＿＿＿＿＿＿＿。

二、工作任务单

汽车内部清洁工作任务单				
序号	任务内容	技术标准	工作人员 A	工作人员 B
1	检查	①检查仔细，准确无误 ②礼貌用语、笑脸相迎	√	
2	撤出车内脚垫	①动作要轻柔 ②沙尘不能落在车内		√
3	清洗脚垫	①沿脚垫的纹路和缝隙刷洗，动作迅速 ②脚垫表面没有灰尘和水渍		√
4	清洗天窗	①用洗车凳站在车身两边 ②天窗轨道和遮阳板无污垢	√	
5	清洗左右侧车窗边框	玻璃边缝无泥沙、灰尘		√
6	安全保护	保护到位	√	√
7	吸尘	①右手拿吸头，左手控制管子 ②内饰各部位无灰尘、杂物	√	
8	清洗顶棚	①毛巾叠成方块状 ②按纹路依次清洗 ③左手控制气管，右手拿内饰清洗枪以 40 cm×40 cm 的区域清洗，枪头与顶棚平行移动	√	√
9	清洗 A 柱	①左手控制气管，右手拿内饰清洗枪，枪头与 A 柱平行移动 ②干净、无污渍	√	√
10	清洗仪表台、中控区、扶手箱	①左手控制气管，右手拿内饰清洗枪，动作要轻柔 ②仪表台、中控区、扶手箱无浮尘	仪表台 方向盘	仪表台 中控台

续表

序号	任务内容	技术标准	工作人员 A	工作人员 B
11	清洗座椅	①左手控制气管，右手拿内饰清洗枪从上到下清洗 ②魔术海绵必须湿润，用"井"字方式擦拭 ③毛巾须叠成方块状 ④清洁后无灰尘、干净清洁、皮革部位光亮如新，光彩照人，无色差变化，手感柔软不干涩。室内座椅部位的窄缝、沟槽处，应无浮尘、泥土、碎屑等异物，清洁后达到用白色棉布擦拭，均无污迹存留的效果	√	√
12	清洗 B 柱及安全带	①左手控制气管，右手拿内饰清洗枪，枪头与 B 柱平行移动 ②干净、无污渍	√	√
13	清洗车门饰板	①左手控制气管，右手拿内饰清洗枪从上到下清洗 ②魔术海绵必须湿润，用"井"字方式擦拭 ③毛巾须叠成方块状 ④清洁后应无灰尘、干净清洁、皮革部位光亮如新，光彩照人，无色差变化，手感柔软不干涩。门板窄缝、沟槽处，应无浮尘、泥土、碎屑等异物，清洁后达到用白色棉布擦拭，均无污迹存留的效果	左前门板	右前门板
14	清洗 C 柱及后置物台	①左手控制气管，右手拿内饰清洗枪，枪头与 C 柱平行移动 ②干净、无污渍	√	√
15	清洗后排座椅和安全带	同前座椅和安全带	左后排座椅	右后排座椅
16	清洗后门板	同清洗前门板	左后门板	右后门板
17	清洗地毯	①右手拿吸头，左手控制管子吸尘 ②地毯各部位无灰尘、杂物	√	
18	清洗后备厢	①右手拿吸头，左手控制管子吸尘 ②后备厢各部位无灰尘、杂物		√
19	真皮养护	以"井"字方式涂抹均匀	√	
20	消毒除味	清新宜人，无异味、怪味、香料气味		√
21	清洗全车玻璃	①动作规范、迅速按顺序操作 ②玻璃透亮，无任何手印、污点等脏迹	√	√

+ 考核评分

实训名称：汽车内饰清洁				实习日期：			
姓名：	班级：			学号：		导师签字：	
自评：	师评：			企业评：			

序号	评分项	得分条件	分值	评分要求	自评	师评	企业评
1	安全、7S、态度	□①能进行工位 7S 操作 □②能进行设备和工具的安全检查 □③能进行车辆安全防护操作 □④能进行工具清洁、校准、存放操作 □⑤能进行三不落地操作	10	未完成 1 项扣 2 分，扣分不得超 10 分	□熟练 □不熟练	□熟练 □不熟练	□合格 □不合格
2	专业技能能力	作业一： □①能正确收拾整理汽车室内杂物 □②能正确进行内饰吸尘 □③能正确清理吸尘器集尘袋 □④能正确进行室内消毒杀菌 □⑤能正确选用消毒杀菌工具 作业二： □①能正确进行脚垫清洗 □②能正确进行脚垫晾干或烘干 □③能正确清洗地毯 □④能正确进行地毯烘干 □⑤能正确进行顶棚除尘 □⑥能正确进行顶棚除污 作业三： □①能正确进行座椅清洁除污 □②能正确进行仪表板清洁除污 □③能正确清洁车门内板表面 □④能正确清洁室内板件表面 □⑤能正确进行仪表板上蜡	50	未完成 1 项扣 5 分，扣分不得超 50 分	□熟练 □不熟练	□熟练 □不熟练	□合格 □不合格

续表

序号	评分项	得分条件	分值	评分要求	自评	师评	企业评
3	工具及设备的使用能力	□①能正确使用吸尘器 □②能正确选用清洗工具 □③能正确选用清洗剂和防护剂 □④能正确使用擦拭工具 □⑤能正确使用桑拿机	20	未完成1项扣5分，扣分不得超20分	□熟练 □不熟练	□熟练 □不熟练	□合格 □不合格
4	数据判断和分析能力	□①能判断座椅是否清洁干净 □②能判断仪表板是否清洁干净 □③能判断脚垫、地毯是否清洁干净 □④能判断顶棚是否清洁干净	20	未完成1项扣5分，扣分不得超20分	□熟练 □不熟练	□熟练 □不熟练	□合格 □不合格

+ **思考总结**

汽车内部清洁需要清洁哪些部位？清洁的流程是什么？

+ **拓展部分**

1.汽车内室清洁的注意事项

①使用专用的毛巾进行清洁，毛巾以拧不出水为准。

②遇到门板上有皮鞋印记可用纳米海绵配合内饰清洁剂进行擦拭。

③清洗装饰件和真皮座椅时不要一次进行大范围的施工，否则可能会产生斑点。操作前先用内饰清洗剂在不明显的部位进行测试，一般在座椅前部或后底部。

④清洗完后擦拭残留清洗剂，如果不进行擦拭可能会产生斑点。

⑤遇到顽固性污垢或材料老化的情况，在不能完全清除干净时，万不可用海绵用

力擦拭造成严重后果，应通过视觉和触觉判断是否可以清洗掉，是否属于材料老化、掉色。

⑥操作过程中如有掉色情况发生，应立刻终止操作，并用毛巾进行擦拭。在清洗过程中发现皮革或真皮有掉毛等现象时，应立即停止对该部位的清洗。

⑦纳米海绵一定要全部含水，并挤干后使用，否则研磨力度较大时有可能会伤害装饰件或真皮。操作过程中和完成后尽量让车内通风透气，使其干燥，否则可能会产生细菌。

⑧顶棚绒布禁止用刷子刷洗。

⑨喷漆、镀铬禁止用刷子刷洗。

⑩清洗过程中，调整开关不宜过猛，防止开关断裂、脱落。

⑪清洗 A、C 柱时用毛巾挡住前挡玻璃以免把太阳膜吹起来。

⑫用内饰清洗枪吹仪表台时不要让枪上的铁钩碰到前挡玻璃。

⑬水桶中的水要时刻保持清澈。

⑭清洁完成后需将挪动的物品及挂件还回原位。

⑮室内作业人员应妥善保管好车上的物品，不得挪用、窃取车内物品和现金。不得在车内使用车上音响空调系统。

2. 常用汽车内饰清洁剂和护理剂

汽车内饰不同于外饰，不可能用水或混合液体冲洗，只能采用类似"干洗"的方式进行清洁。因此，要根据清洗对象材料的特性采用相应的专用产品，通常在车表清洁作业后进行。常见的清洁剂和护理剂如表 1-3 所示。

表 1-3　常见的清洁剂和护理剂

用品	用途	图片
全能清洁剂	用于车身内部、外部高效清洁去污，有效清洁汽车表面上的油污和重垢，可作为预处理剂预先清洁汽车内饰的污渍	
内饰（绒布）清洁剂	能快速分解浮出污垢，可以在化纤皮革表面形成保护膜，有效驱尘，防止老化，适用于真皮、布艺、皮革、化纤、塑料等材料	

续表

用品	用途	图片
多功能泡沫清洁剂	适用于任何可以清洁的物体表面，具有超强的渗透清洁能力，作用快	
表板蜡	应用于汽车仪表板、门饰板、防水条等塑料、橡胶部件，具有防尘污、防褪色、防老化等功效，还可以起清洁、增艳、保护、有效抵抗紫外线侵害的作用	
皮革上光保护液	延缓皮革老化，使皮革抵抗紫外线，光亮、不发粘	

任务三 汽车发动机舱清洁

+ 任务描述

汽车发动机舱
清洁

　　张先生的车，车龄3年多，跑了6万千米。有一次，他去维修店做检查，维修人员告诉他发动机舱比较脏，需要清洗。张先生认为，发动机舱脏了，他可以自己清洗，于是回到家后自己拿起水枪就对着发动机舱做了一番清洗。结果，当再次发动发动机时，汽车怎么也启动不了，再送去维修店检查，被告知"需要更换发动机才可以使用"。张先生说到当时的情形就后悔莫及。那么，清洗汽车发动机舱应怎么处理呢?

+ 任务目标

知识要求:
①熟悉专业汽车发动机舱清洗的作业项目。
②掌握发动机舱清洗养护流程及注意事项。
③掌握专业汽车发动机舱清洗的方法。

技能要求:
①能正确识别和合理选用汽车发动机舱清洗用品。
②能按照标准流程对汽车发动机舱进行清洗作业。

素养要求:
①严格执行工艺流程,质量意识强。
②与他人合作,形成积极的工作态度,培养团队合作精神。
③按照 7S 管理要求,整理现场,归置物品。

+ 必备知识

一、汽车发动机舱清洗的作业项目

汽车发动机舱清洗的作业项目如图 1-15 所示。

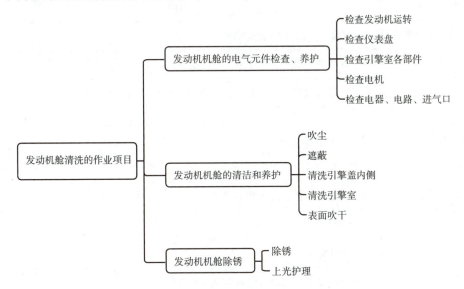

图 1-15 汽车发动机舱清洗的作业项目

二、发动机舱清洗养护流程

发动机舱清洗养护流程:启动引擎,检查发动机运转→检查仪表盘是否有故障灯亮→关闭引擎，打开引擎盖，检查引擎室各部件→检查电机分电盘、保险盒、点火器部位→检查电器、电路、进气口→检查发动机外壳是否过热→把引擎及周边线路吹尘→将翼子板及前杠保护起来→将保险盒、发电机、行车电脑、启动马达、高压包、进气口、分火头及有破损的电器遮蔽→引擎盖内侧清洗→引擎室清洗→发动机舱除锈→拆除遮蔽，吹干表面→上光护理。

三、作业过程中的注意事项

①施工前，一定要检查发动机是否运转正常，各部件是否有破损。如果发现异常应及时报告老师。

②一定要等发动机冷却后才能施工操作。

③做好发电机、蓄电池、保险盒等保护工作。

④做好个人防护工作。

+ 作业准备

主要实训器材见表1-4。

表1-4　主要实训器材

实训器材	用途
发动机泡沫清洗剂	用于溶解污渍、发动机舱清洁
保护套	用于保护左右翼子板、前杠
遮蔽膜	用于遮蔽保险盒、发电机、行车电脑、启动马达、高压包、进气口、分火头及有破损的电器
长柄竹毛刷	用于发动机舱清洁
橡胶还原剂	用于对塑料件进行上光养护
发动机清洗枪	用于引擎盖内侧、发动机舱清洁
除锈剂	用于除锈
毛巾	用于清洁擦拭
吹气枪	用于引擎及周边线路、边缝等表面吹尘，吹干积水

检查实训器材工作使用情况，穿戴防护工具。

+ 实训操作

任务环节	工作内容	图片
1.发动机机舱的电气元件检查、养护	①启动引擎，检查发动机运转是否正常平稳	
	②检查仪表盘是否亮起故障灯，如有，告知车主并做记录	
	③关闭引擎，打开引擎盖，检查发动机舱各部件有无破损	
	④检查电机分电盘、保险盒、点火器部位有无破损	
	⑤检查电器、电路、进气口有无明显破损	
	⑥检查发动机外壳是否过热，如过热应等散热后再进行清洗	

续表

任务环节	工作内容	图片
2. 发动机舱的清洁和养护	④发动机舱清洗。喷洒清洗剂到各个部件上，等待 2 min 左右，用发动机清洗枪冲洗的同时使用牙刷、扁刷等辅助工具协助清洗，最后用毛巾擦拭	
	⑤表面吹干。拆除遮蔽部件，用干洗方法清洁遮蔽部分并吹干，特别是电器接口、电路等地方	
3. 发动机舱除锈	①除锈。用专业的多功能润滑剂除锈，它不仅能把发动机舱的锈清除干净，还能在它的表面形成一层保护膜	
	②上光护理。用塑料上光剂对塑料件进行上光养护	
4. 去封（保护膜）	小心去除保护套	

续表

任务环节	工作内容	图片
5. 现场 7S 管理	清洁地面，整理工具	

+ 学习任务

1. 作业前准备

（1）清洁发动机舱所需的工具设备有＿＿＿＿＿＿＿＿＿、＿＿＿＿＿＿＿＿＿、

＿＿＿＿＿＿＿＿＿、＿＿＿＿＿＿＿＿＿。

（2）作业开始前，应检查＿＿＿＿＿＿＿＿＿、＿＿＿＿＿＿＿＿＿、

＿＿＿＿＿＿＿＿＿、＿＿＿＿＿＿＿＿＿等。

2. 清洗

（1）引擎盖内侧清洗，顺序为＿＿＿＿＿＿＿＿＿和＿＿＿＿＿＿＿＿＿。

（2）遮蔽时应注意保护＿＿＿＿＿＿＿、＿＿＿＿＿＿＿、

＿＿＿＿＿＿＿等。

（3）施工结束后，应该启动发动机让其运行＿＿＿＿＿＿＿分钟。

（4）请写出发动机舱清洗的流程。

＿＿＿＿＿＿＿＿＿＿＿＿＿＿＿＿＿＿＿＿＿＿＿＿＿＿＿＿＿＿＿＿＿＿＿＿

＿＿＿＿＿＿＿＿＿＿＿＿＿＿＿＿＿＿＿＿＿＿＿＿＿＿＿＿＿＿＿＿＿＿＿＿

+ 考核评分

实训名称：发动机清洗				实习日期：			
姓名：	班级：			学号：		导师签字：	
自评：	师评：			企业评：			
序号	评分项	得分条件	分值	评分要求	自评	师评	企业评
1	安全、7S、态度	□①能进行工位 7S 操作 □②能进行设备和工具的安全检查 □③能进行车辆安全防护操作 □④能进行工具清洁、校准、存放操作 □⑤能进行三不落地操作	10	未完成 1 项扣 2 分，扣分不得超 10 分	□熟练 □不熟练	□熟练 □不熟练	□合格 □不合格

序号	评分项	得分条件	分值	评分要求	自评	师评	企业评
2	专业技能能力	作业一： □①能正确打开机舱盖 □②能正确进行吸尘 □③能正确进行发动机检查 □④能正确进行遮蔽 作业二： □①能正确进行机盖清洗 □②能正确进行机舱清洗 □③能正确进行发动机表面吹干 □④能正确进行除锈 □⑤能正确进行表面上光	50	未完成1项扣5分，扣分不得超50分	□熟练 □不熟练	□熟练 □不熟练	□合格 □不合格
3	工具及设备的使用能力	□①能正确使用发动机清洗枪 □②能正确选用清洗工具 □③能正确选用清洗剂和防护剂 □④能正确使用擦拭工具	20	未完成1项扣5分，扣分不得超20分	□熟练 □不熟练	□熟练 □不熟练	□合格 □不合格
4	数据判断和分析能力	□①能判断机盖是否清洁干净 □②能判断机舱是否清洁干净 □③能判断遮蔽是否做好 □④能判断上光是否均匀	20	未完成1项扣5分，扣分不得超20分	□熟练 □不熟练	□熟练 □不熟练	□合格 □不合格

+ 思考总结

清洁汽车发动机舱的流程和步骤是什么？有哪些需要注意的事项呢？

+ 知识拓展

1. 清洁发动机舱的必要性

首先，用清洁剂对发动机表面的油污垢、泥污垢以及灰尘进行彻底的清洁，保证发动机健康运转，提高发动机的散热力度；其次，恢复发动机外表本来的面貌，方便观察哪里容易出现污垢和漏油等问题；最后，能让发动机舱看起来更整洁。

2. 发动机舱可以直接用高压水枪清洗吗

不能。用高压水枪冲洗发动机不会有太好的效果，因为发动机舱内很多零件上粘附的东西不光是泥水和浮土（特别是气缸盖附近），而是积累了很长一段时间的油泥，所以单纯用水是冲不掉的。另外如果不了解发动机结构的话，盲目地用高压水枪来回冲洗还会造成发动机舱内其他零件受损，如点火线圈、保险盒等部位。

模块二　汽车车身美容与内饰护理服务

　　汽车车身美容与内饰护理服务是汽车美容的基础项目。简单来说，汽车车身美容与内饰护理服务是指汽车车身漆面的抛光与打蜡、内饰加装改装与皮革护理等，是每个车主或驾驶员经常要面对的问题。漆面抛光打蜡的操作步骤和方法都是汽车美容服务的重要知识，皮革等内饰护理得好可以对汽车起到很好的保养效果。

任务一　汽车车身漆面抛光打蜡

+ 任务描述

汽车车身漆面
抛光打蜡

　　前段时间，李先生买了一辆新车，靓丽的车身一直是李先生引以为豪的。最近，李先生发现爱车没有以前那么光洁照人了，仔细一看，发现不仅车漆没有了以往的光泽，漆面还有很多细痕，虽然不深，但足以影响美观。于是，李先生把爱车开到一家汽车美容店进行打蜡护理。作为一名专业汽车美容人员，需要针对李先生的汽车漆面状况，按照正确的施工流程对汽车进行护理，使客户满意。

+ 任务目标

知识要求：

①掌握正确引导客户车辆进入工位的流程。

②掌握选用抛光机、抛光盘、打蜡机的方法等知识。

③掌握汽车车身漆面抛光、打蜡的作业流程知识。

技能要求：

①能正确引导车辆进入工位。

②能熟练使用抛光机、抛光盘、打蜡机等。

③能按照标准流程进行车身漆面抛光、打蜡作业。

素养要求：

①严格执行工艺流程，质量意识强。

②与所有同事保持良好合作关系。

③感受客户对服务满意度的需求。

+ 必备知识

一、抛光

1.抛光的作用

抛光是汽车漆面美容的重要内容，是汽车漆面护理的一个工序。它主要用来消除漆面细微划痕，处理汽车漆面轻微损伤及各种污垢、斑迹、飞漆等漆面瑕疵，使漆面达到光亮无瑕的镜面效果。

2. 抛光原理

①研磨：用研磨材料把细微划痕去除，研磨材料可以是抛光砂纸，也可以是较粗的研磨剂。

②使用抛光剂：因抛光剂含有车蜡成分，在抛光到一定程度后，可依靠蜡质的光泽来弥补漆面残存的缺陷。

③高温作用：在抛光过程中，因为高温作用会将划痕等缺陷周围的漆面拉平达到修复漆面的目的。

3. 漆面抛光流程

漆面抛光流程如图 2-1 所示。

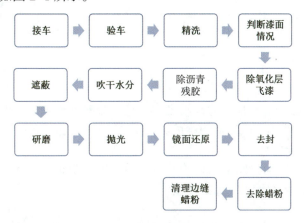

图 2-1 漆面抛光流程

4. 漆面抛光注意事项

①抛光作业可以手工完成。在手工抛光时应注意抛光运动路线，不可胡乱刮擦或做环形运动，应该以车身纵向平行线为准往复运动。每次抛光的面积不要超过 50 cm × 50 cm。

②使用抛光机（图 2-2）前，先检查抛光机的转轮与抛光轮是否与托盘粘结牢固，螺钉是否上紧，是否对在中心位置等。抛光盘（图 2-3）要保持清洁，随抛随清理。

③新盘抛光要保持湿润，避免干抛。

④抛光时要随时注意温度，特别是抛光塑料件部分。

⑤抛光时不要在一个点停留太久，以免伤到底漆。

图 2-2 抛光机

⑥研磨剂和抛光剂用量要适中，不要用太多。

⑦研磨剂和抛光剂要涂在抛光盘接触面的中间。

⑧抛光遵循"分块施工，从上而下，由左至右，按井字形路线移动"的原则。

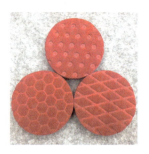

图 2-3　抛光盘

⑨抛光盘与被抛面的倾角应小于 30°。

⑩抛光时眼睛要始终观察抛光后的效果和即将抛光的漆面状态。

二、漆面打蜡

1. 漆面打蜡的作用

（1）上光作用

为车漆上光是车蜡最基本的作用之一，经过打蜡的车辆，都能不同程度地改善其漆面的光洁程度，使车身恢复靓丽本色。

（2）抗高温作用

车蜡能对来自不同方向的入射光产生有效反射，防止入射光线穿透透明漆面，导致底漆老化变色，从而延长漆面的使用寿命。

（3）防水作用

汽车经常暴露在空气中，免不了受到风吹雨淋，车蜡能使车身漆面上的水滴附着减少 60%~90%，高档车蜡还可以使残留在漆面上的水滴进一步平展，呈扁平状，最大限度地减少水滴因强烈阳光照射时的聚焦作用而造成漆面暗斑、侵蚀和破坏。

（4）防紫外线作用

车蜡防紫外线作用与它的抗高温作用是同步的，只不过在日光中的紫外线易于折射进入漆面，防紫外线车蜡充分地考虑了紫外线的特性，使其对车表的侵害能最大限度地降低。

（5）防静电作用

产生汽车静电的原因主要有两个：一是化纤、丝毛织物如地毯、座椅、衣物等摩擦产生的；二是由于汽车在行驶过程中，空气中的尘埃与车身漆面相互摩擦产生的。无论是哪种原因产生的静电，都会对驾驶人员带来诸多不便，甚至造成伤害。车蜡的防静电作用主要是隔断空气及尘埃与车身漆面的摩擦。通过打蜡，不但可以有效防止车表静电的产生，还可以大大降低带电尘埃对车表的附着。

（6）划痕抛光作用

当车身漆面出现浅划痕时，可以使用划痕抛光蜡进行修复，若划痕不严重，抛光和打蜡作业可以一次完成。

2. 打蜡工具和耗材

（1）打蜡工具

打蜡工具有气动打蜡机、打蜡海绵等，如图 2-4 和图 2-5 所示。

（2）打蜡耗材

常见的车蜡如图 2-6 所示。

各种车蜡的特性、作用、使用方法、适用范围及注意事项见表 2-1。

图 2-4　气动打蜡机

直径 180 mm　直径 150 mm
直径 125 mm　直径 100 mm　直径 75 mm

直径 180 mm　直径 150 mm
直径 125 mm　直径 100 mm　直径 75 mm

图 2-5　打蜡海绵

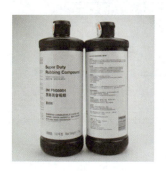

图 2-6　常见车蜡

表 2-1　各种车蜡的简要介绍

种类	特性及作用	使用方法	适用范围	注意事项
划痕蜡	去污、去未伤底漆划痕、去氧化膜、上光	涂抹车身表面，海绵来回擦拭	车身表面	用海绵擦拭时尽量用力擦拭
去污蜡	去污、除锈、防垢、保持光亮	在不洁净的表面涂抹	车身表面	不可在车身温热时使用
增光蜡	防止氧化、酸蚀，内含色彩鲜艳剂增加漆面光亮	均匀涂抹车身表面	车身表面	不可在车身温热时使用
保护蜡	去油污、防生锈，产生稳定、防水的保护膜	均匀涂抹车身表面	车身表面	不可使用在以桐油为基础的漆面上

续表

种类	特性及作用	使用方法	适用范围	注意事项
镀膜亮光蜡	天然成分，对漆面渗透力极强，光泽、持久性好	均匀涂抹车身表面	车身表面	手工打蜡和机器打蜡均可使用
彩色蜡	分为红、蓝、绿、灰、黑5种颜色，不同颜色的车选择对应的颜色	均匀涂抹车身表面	车身表面	按汽车的颜色选择颜色相同的蜡
底盘蜡	防止底盘腐蚀，减轻碎石碰击造成的损伤	喷涂在清洗干净且无锈的汽车底盘上	汽车底盘	为易燃物，使用时需注意保护眼睛、皮肤与呼吸系统；不可使用在排气装置、制动器及弹簧上；使用时必须用酒精稀释

3. 漆面打蜡流程图

漆面打蜡流程图如图 2-7 所示。

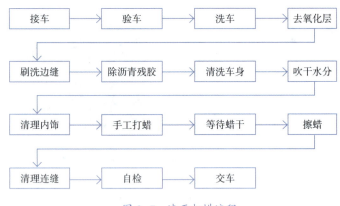

图 2-7 漆面打蜡流程

+ 作业准备

主要实训器材选用见表 2-2。

表 2-2 主要实训器材

实训器材	用途
柏油沥青清洗剂	可强力清除油脂、地面对汽车造成的污垢等
洗车海绵	擦洗车体的泥巴
铁粉去除剂	除掉汽车漆面上氧化层

实训器材	用途
缝隙刷	清除灰尘
美纹纸	起到喷漆保护的作用
遮蔽膜	用于汽车等喷漆时遮挡油漆、涂料等
研磨剂（粗）	打磨掉油漆表层污垢
抛光剂（中）	用于提高油漆水平度
镜面还原剂（细）	提升漆面的光滑度
小毛巾	擦拭车身凹槽、门边和内饰等部件的污垢
汽车保护蜡	除去汽车油污、柏油，防止汽车生锈，能产生稳定、防水的汽车保护膜

检查实训器材工作使用情况，穿戴防护工具。

＋实训操作

任务环节	工作内容	图片
1. 正确引导客户车辆进入工位	①引导车辆进入工位，引导手势要求统一规范	
	②客户下车时，伸手做护头礼；待顾客下车后用规范的手势引导顾客进入休息区；使用规范语"请您里面坐！"	
	③客户确认交车后，要礼貌提示客户交接车辆钥匙，并提示："请保管好您的贵重物品！"	

续表

任务环节	工作内容	图片
2. 确定漆面状况	①用手触摸汽车正面（与灯光垂直接触的地方），判断漆面的氧化状况，并选择使用什么研磨材料	
	②判断划痕：微度划痕；中度划痕；深度划痕	
3. 去除氧化层、飞漆	作业人员 A 在车体的左侧，作业人员 B 在车体的右侧，同时操作，用黏土（或瓷土）手套、瓷土盘去除氧化层和飞漆	
4. 去除柏油、树脂、虫尸等	用干净毛巾沾上柴油，并轻抹在柏油、树脂处，等待车身上的柏油溶解再擦拭干净。用蚊虫清洗剂去除虫尸	

任务环节	工作内容	图片
5. 遮蔽	作业人员A和B同时操作，用美纹纸(纸胶带)将车标、装饰条、车灯壳、门把手、塑料件、橡胶条、倒车镜逐一封好。用遮蔽膜把前后挡风玻璃和车窗遮住，防止抛光机在使用过程中污损车身其他部位	
6. 研磨操作	作业人员A和B同时操作，摇匀研磨剂，在海绵研磨盘倒上少许，用海绵研磨盘将研磨剂均匀地涂抹在待抛漆面上，保持抛光盘平面与待抛漆面基本平行。启动抛光机，按与划痕成垂直的方向左右移动并逐渐向前推进	
7. 抛光	摇匀抛光剂，在海绵研磨盘倒上少许，用海绵研磨盘将抛光剂均匀地涂抹在待抛漆面上，保持抛光盘平面与待抛漆面基本平行，按与划痕成垂直的方向左右移动并逐渐向前推进	
8. 镜面还原	作业人员A和B同时操作，摇匀还原剂并在海绵研磨盘倒上少许，用海绵研磨盘将还原剂均匀涂抹在待抛漆面上，保持抛光盘平面与待抛漆面基本平行，启动抛光机，按与划痕成垂直的方向左右移动并逐渐向前推进	
9. 去除遮蔽、美纹纸	作业人员A和B同时操作，去除车标、装饰条、车灯壳、门把手、塑料件、橡胶条、倒车镜上面的美纹纸，将前后挡风玻璃、左右车窗遮蔽膜去除	

续表

任务环节	工作内容	图片
9. 去除遮蔽、美纹纸	作业人员 A 和 B 同时操作,去除车标、装饰条、车灯壳、门把手、塑料件、橡胶条、倒车镜上面的美纹纸,将前后挡风玻璃、左右车窗遮蔽膜去除	
10. 清理漆面蜡粉、缝隙	作业人员 A 和 B 同时操作,将残留在汽车车身表面、缝隙里的蜡粉清理干净,让车保持彻底的干净。用毛巾和毛刷配合清理缝隙	
11. 手工或机械涂抹车蜡	作业人员 A 和 B 同时操作,用打蜡海绵蘸取适量车蜡,以划小圆圈旋转的方式均匀涂蜡	
12. 擦蜡	作业人员 A 和 B 同时操作,上蜡 5~10 min,蜡表面发白干燥后,用柔软干燥毛巾擦蜡,直到整个车表没有残蜡。擦蜡后彻底清洁玻璃、保险杠、饰条、轮胎、钢圈等部位	

任务环节	工作内容	图片
13. 清理缝隙	作业人员 A 和 B 同时操作，顺序与涂抹蜡一样，将残留在汽车表面缝隙里的车蜡清理干净，让车保持彻底的干净。用毛巾和毛刷配合清理缝隙	
14. 塑料胶边还原（上光）	作业人员 A 和 B 同时操作，顺序与涂抹蜡一样，用上光海绵将塑料还原剂涂抹到塑料件上面	
15. 质检交车	店面经理或质检师按打蜡标准进行质检。作业人员 A 陪同店面经理或质检师质检，并且擦拭不合格的部位	
16. 现场 7S 管理	工具、材料要注意归位，垃圾要迅速处理。清洗脏的海绵球、牙刷	

+学习任务

1.简单叙述本任务对知识、技能、素养的要求（关键字）。

_____

_____

2.作业前准备

（1）汽车抛光打蜡使用的耗材包括_____、_____、

_____、_____、_____。

（2）抛光打蜡所需的工具设备有_____、_____、

_____、_____。

+ 考核评分

1. 漆面抛光

实训名称：漆面抛光				实习日期：			
姓名：	班级：			学号：		导师签字：	
自评：	师评：			企业评：			
序号	评分项	得分条件	分值	评分要求	自评	师评	企业评
1	安全、7S、态度	□①能进行工位 7S 操作 □②能进行设备和工具的安全检查 □③能进行车辆安全防护操作 □④能进行工具清洁、校准、存放操作 □⑤能进行三不落地操作	10	未完成 1 项扣 2 分，扣分不得超 10 分	□熟练 □不熟练	□熟练 □不熟练	□合格 □不合格
2	专业技能能力	□①能正确检查漆面情况 □②能正确去除氧化层、飞漆 □③能正确去除柏油、虫尸、树脂 □④能正确遮蔽 □⑤能正确选择研磨剂 □⑥能正确选择研磨盘 □⑦能正确研磨 □⑧能正确抛光 □⑨能正确镜面 □⑩能正确去除遮蔽、美纹纸 □⑪能正确清理缝隙	50	未完成 1 项扣 5 分，扣分不得超 50 分	□熟练 □不熟练	□熟练 □不熟练	□合格 □不合格
3	工具及设备的使用能力	□①能正确使用抛光机 □②能正确使用水枪及空压机 □③能正确选用研磨剂能力	20	未完成 1 项扣 5 分，扣分不得超 20 分	□熟练 □不熟练	□熟练 □不熟练	□合格 □不合格
4	数据判断和分析能力	□①能判断车身漆面是否存在问题 □②能判断漆面研磨是否到位 □③能判断抛光是否到位 □④能判断还原是否到位 □⑤能判断缝隙是否清洗干净	20	未完成 1 项扣 5 分，扣分不得超 20 分	□熟练 □不熟练	□熟练 □不熟练	□合格 □不合格

2. 漆面打蜡

实训名称：漆面打蜡					实习日期：			
姓名：		班级：			学号：		导师签字：	
自评：		师评：			企业评：			

序号	评分项	得分条件	分值	评分要求	自评	师评	企业评
1	安全7S态度	□①能进行工位 7S 操作 □②能进行设备和工具的安全检查 □③能进行车辆安全防护操作 □④能进行工具清洁、校准、存放操作 □③能进行三不落地操作	10	未完成1项扣2分，扣分不得超10分	□熟练 □不熟练	□熟练 □不熟练	□合格 □不合格
2	专业技能能力	□①能正确去除氧化层、飞漆 □②能正确去除柏油、虫尸、树脂 □③能正确进行手工涂抹车蜡 □④能正确进行机械涂抹车蜡 □⑤能正确擦蜡 □⑥能正确清理缝隙 □⑦能正确对塑料胶边还原（上光）	50	未完成1项扣5分，扣分不得超50分	□熟练 □不熟练	□熟练 □不熟练	□合格 □不合格
3	工具及设备的使用能力	□①能正确使用气动打蜡机 □②能正确使用水枪 □③能正确选用清洗工具能力 □④能正确选用清洗剂和防护剂 □⑤能正确使用空压机	20	未完成1项扣5分，扣分不得超20分	□熟练 □不熟练	□熟练 □不熟练	□合格 □不合格
4	数据判断和分析能力	□①能判断漆面氧化层、飞漆是否清理干净 □②能判断沥青、虫尸是否清洗干净 □③能判断车蜡是否涂抹均匀 □④能判断蜡是否擦干净 □⑤能判断边缝是否清理干净	20	未完成1项扣5分，扣分不得超20分	□熟练 □不熟练	□熟练 □不熟练	□合格 □不合格

+ 思考总结

你真棒！掌握了本节课的知识与技能后，你再思考一下我们的服务人员为什么能让李先生愿意给自己的爱车进行漆面美容呢？

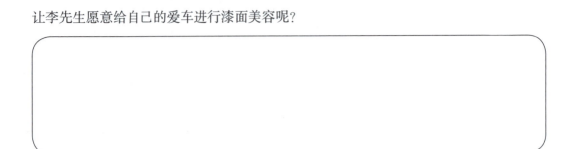

+ 知识拓展

汽车抛光机五大品牌

1. 博世

博世是德国的工业企业，作为世界较大的汽车用品生产商来说，其汽车技术、工业技术和消费品及建筑技术产业是大家所熟知的。博世抛光机是知名度很高的抛光机品牌，在中国市场应用较多，如图2-8所示。

2. 百得

百得是美国史丹利百得公司的家用电动工具、清洁工具、园林工具品牌，始创于1910年。作为国外的大品牌，百得在抛光机（图2-9）领域也具有很高的市场份额，知名度较高，且质量也有保障，比较普及。

3. 牧田

牧田株式会社于1915年创始于日本，是目前世界上较大的专门生产专业电动工具的制造商之一，主营业务包括电动工具、木工机械、气动工具、家用及园艺用机器等的制造和销售，如图2-10所示。

4. 路贝斯

江苏路贝斯汽车用品有限公司是一家以汽车抛光机（图2-11）、汽车封釉机、汽车打蜡机、蒸汽消毒机、干湿两用吸尘器、抛光羊毛球、抛光海绵、封釉海绵等产品专业生产加工为主的企业，公司秉承"诚信、专业"的经营理念，坚持用户至上、质

图2-8　博世抛光机

图2-9　百得抛光机

图2-10　牧田抛光机

量第一，经过不断的努力和超越已经成为一家在行业内具有相当规模、较大影响力、发展迅速的企业。

5. 博大

浙江博大实业有限公司，1992年组建于浙江永康，经过艰苦创业，励精图治，不断创新，已逐渐发展成为集科研、制造、销售为一体的中国极具竞争力的专业电动工具生产供应服务商之一。博大公司产品涵盖了角向磨光机、手电钻、电锤、石材切割机等四大系列、八十多个产品（图2-12）。

图2-11 路贝斯抛光机

图2-12 博大抛光机

任务二 汽车内饰皮革护理

+ 任务描述

李先生对自己新买的车爱不释手，呵护有加，每天下班后都要对爱车进行除尘护理，还时常用自购的便携工具清洗车身。可是，没过多长时间，李先生发现汽车虽然外表非常整洁，但车的内饰件逐渐变得不再让人满意，他对于车的顶棚、仪表板缝隙的清洗总感到束手无策。一次偶然的机会，李先生碰到了一位做汽车美容工作的同学，才知道原来汽车内饰件的清洗工作可以由汽车美容专业人士来完成。第二天，李先生便将车开到一家专业汽车美容店，进行汽车内饰件的美容作业。作为一名汽车清洗作业人员，需要针对李先生汽车内饰件的脏污情况，按照正确的施工流程，完成汽车内饰件的清洗作业，使客户满意。

汽车内饰
皮革护理

+ 任务目标

知识要求：
①掌握皮革的日常护理。
②掌握日常皮革护理的流程。
技能要求：
①能按照流程对座椅进行清洁作业。

②能熟练选用清洗工具及清洗剂。

素养要求:

①培养学生的团结协作能力。

②培养学生的职业道德。

+ 必备知识

一、汽车内饰护理的作用

1. 美化内饰环境

汽车内饰作为车内人员活动的空间,舒适与否会对人产生重要的生理及心理影响,美化汽车内饰能创造一个舒适的驾乘环境。

2. 有助于健康

汽车内饰中的地毯、座椅、空调风口、后备厢等处,由于经常接触潮湿的空气或水渍,在特定的环境中,容易滋生细菌,使内饰霉变,散发出异味。这不但影响了车内空气环境,更重要的是会对驾乘人员的健康产生威胁。汽车内饰美容可为人体健康提供保障。

3. 延长内饰件的使用寿命

驾乘室的清洁、杀菌、除臭可以有效地防止各种污物对内饰件的侵蚀,加上通过使用专用的护理品,对塑料件、真皮及纤维品进行上光保护,可大大延长内饰件的使用寿命。

二、座椅的清洁护理

图 2-13　清洁座椅

座椅的使用频率极高,粘有大量的人体汗渍、油渍和细菌,是车内清洁的重点,如图 2-13 所示。座椅的清洁护理应根据座椅的材质来确定。座椅一般有化纤织物、人造革、真皮制品三种材质,要根据面料的不同选择对应的清洁剂清洁,否则不科学的清洁方法反而会给面料带来损害。

提示

织物和皮革的颜色是由染料染色形成的,有机染料会与某些清洁剂发生反应出现褪色现象。因此,首次使用某些品牌的清洁剂时,应在座椅面料不显眼的地方进行试用,确认无褪色后,才能大面积使用。

1. 化纤类座椅的清洁护理

将化纤清洁剂摇晃均匀后，将清洗剂喷到污处，稍停片刻，用一块洁净的干毛巾用力压在污物处，吸出含有油污、污物的液体，再从四周往中间仔细擦拭，直到除去污迹。对于顽固污迹可以重复以上过程或者再配合蒸汽清洗机清洗。

2. 人造革、真皮座椅的清洁护理

由于人造革和真皮座椅表面有很多细纹，这些细纹内极易吸附污垢，用一般方法很难去除干净。

具体的清洁方法：首先，对于较脏的座椅，建议先用泡沫型清洁剂进行预处理，能有效润湿和分解油污；其次，用真皮清洁剂，配合软布和毛刷彻底清除细纹中的污垢；最后，用真皮上光保护剂进行上光处理，可在座椅表面形成一层保护膜，增加座椅的使用寿命。

提示

人造革和真皮座椅不可用水清洁，否则不但影响美观，还会产生裂纹而影响使用寿命。

三、仪表盘、方向盘的清洁护理

仪表控制板最容易积攒灰尘，且有很多死角，车主自行清洁时可用毛刷对仪表台、空调进风口、开关、按钮等进行擦拭，防止灰尘累积而难以清除，如图 2-14 所示。如果仪表板比较脏，则需用专门的仪表台清洁剂进行喷洒，并用干净的软布擦拭干净。清洁后，可以喷上一层表板蜡。

图 2-14　清洁仪表盘图

方向盘多为人造革和真皮材料，易黏附人体油脂。先用泡沫型内饰清洁剂处理，再使用塑胶上光剂，等待 3~5 min 后，配合软毛刷进行上光处理。如果方向盘外面包有绒或皮革把套，可先将其拆下单独处理，方法与上述的清洁保养相同。

四、中控区的清洁护理

中控区域多为皮塑制品，它的清洁护理要特别小心。这个区域边角缝隙特别多，而且是音响、电话、空调等各种控制开关的分布区域。在操作中不允许直接对其喷洒清洁剂，而应把清洁剂喷在毛巾上，轻轻擦拭干净即可，如图 2-15 所示。清洁完毕后，再喷上皮塑上光剂，只需轻轻擦拭，即可得到一个干净光亮的表面。

图 2-15　清洁中控区

五、顶棚的清洁护理

汽车顶棚通常由化纤、丝绒、纯毛（高档车）等材料做成。因为位置特殊，虽不易沾染其他污物，但容易滋生细菌。由于绒布具有吸附性，污染多为吸附烟雾、粉尘及人体的头部油脂。顶棚清洗使用绒毛清洁柔顺剂，摇晃均匀后往顶棚喷上少许，湿润约半分钟，然后把干净的毛巾折叠成四方形，顺其纹路从污迹边缘向中心擦拭。污垢严重时，可重复以上操作，并可结合蒸汽清洗机的蒸汽来清洁。处理干净后，用另一块干净的毛巾顺着车顶的绒毛方向抹平，使其恢复本来的模样。

+ 作业准备

主要实训器材选用见表 2-3。

表 2-3　主要实训器材

实训器材	用途
毛巾	擦拭干净灰尘和水渍
皮革清洗剂	用于清洁真皮制品的产品
缝隙刷	清理灰尘
吹风枪	吹出残留物
皮革保护剂	适用于保养各种真皮皮革，对皮革起到滋润、养护的作用
皮革上色剂	用于皮革制品着色

检查实训器材工作使用情况，穿戴防护工具。

+ 实训操作

任务环节	工作内容	图片
1. 正确引导客户车辆进入工位	①车辆引导员或洗车机操作员负责车辆引导工作，引导手势要求统一规范	

任务环节	工作内容	图片
1. 正确引导客户车辆进入工位	②客户下车时，伸手做护头礼；待顾客下车后用规范的手势引导顾客进入休息区；使用规范语"请您里面坐！"	
	③客户确认交车后，要礼貌提示客户交接车辆钥匙；并提示："请保管好您的贵重物品！"	
2. 清洁仪表台	①先用内饰清洗枪将出风口所有边缝从上至下清洗一遍	
	②将仪表台、影像控制区、扶手箱前部从前至后用内饰清洗枪清洗，再用湿毛巾擦拭一遍	
	③用小刷和毛巾擦拭方向盘、组合开关	
	④用内饰清洗枪将边缝内的残留物吹出	

续表

任务环节	工作内容	图片
2. 清洁仪表台	⑤对仪表台进行护理	
	⑥用干毛巾擦拭一遍。提示：防止清洗剂流入仪表的缝隙；喷漆、镀铬时禁止用刷子刷洗	
3. 座椅护理	①用魔术海绵配合真皮清洗剂，从上到下横竖交叉将座椅擦拭一遍，再用湿毛巾擦拭一遍	
	②用旋风干洗枪将边缝内的残留物吹净，再用干毛巾擦拭一遍，最后清洗帽头	
	③用保护剂擦拭内饰皮革部分	
4. 清洁门板	①使用专业泡沫清洁剂进行清洁	

任务环节	工作内容	图片
4.清洁门板	②用干净的软布稍加擦拭	
	③对门板进行护理	
5.现场 7S 管理	清洁地面，整理工位	

+ 学习任务

简答题

1. 为什么要进行内饰护理?

2. 内饰皮革污垢如何消除?

3. 内饰护理通常需要哪些工具?

+ 考核评分

实训名称：精致洗车			实习日期：			
姓名：	班级：		学号：		导师签字：	
自评：	师评：		企业评：			

序号	评分项	得分条件	分值	评分要求	自评	师评	企业评
1	安全、7S、态度	□①能进行工位 7S 操作 □②能进行设备和工具的安全检查 □③能进行车辆安全防护操作 □④能进行工具清洁、校准、存放操作 □⑤能进行三不落地操作	10	未完成 1 项扣 2 分，扣分不得超 10 分	□熟练 □不熟练	□熟练 □不熟练	□合格 □不合格
2	专业技能能力	□①正确引导入工位 □②正确擦拭仪表台 □③正确护理座椅 □④正确清洁门板	40	未完成 1 项扣 10 分，扣分不得超 40 分	□熟练 □不熟练	□熟练 □不熟练	□合格 □不合格
3	工具及设备的使用能力	□①能正确使用清洁枪 □②能正确使用湿毛巾擦拭仪表台 □③能正确运用清洁剂护理座椅 □④能正确使用吹干机吹干净残留物 □⑤能正确使用擦拭工具	20	未完成 1 项扣 4 分，扣分不得超 20 分	□熟练 □不熟练	□熟练 □不熟练	□合格 □不合格
4	数据判断和分析能力	□①能判断汽车仪表盘是否有残留物 □②能熟练选择清洁剂 □③能判断汽车内饰皮革干净程度	30	未完成 1 项扣 10 分，扣分不得超 30 分	□熟练 □不熟练	□熟练 □不熟练	□合格 □不合格

+ 思考总结

　　本任务主要是对汽车内饰部分的护理。如果你是张先生，后面应该怎么去护理汽车内饰的皮革部分呢？

+ 拓展部分

随着汽车业的发展，人们对车内的装饰要求也越来越高，车内真皮（或丝绒）座椅、顶棚、仪表台、地毯、脚垫、门板等皮、塑、橡胶、纤维物件，由于长期使用极易藏污纳垢，不但令人生厌，还会滋生细菌和产生异味，影响使用者的身心健康。

许多路边洗车场和车主自己清洁车内时，常用的清洁剂中含有水分，久而久之，湿气会使真皮座椅、仪表台、门板等处发霉、变硬、褪色甚至龟裂，丝绒物件则会收缩脱落，受潮而滋生细菌。长期积垢还会使冷暖风口堵塞，发出异味。针对这些油性或水性的污垢，专家研制了对真皮、塑料、丝绒等物件的专用清洁保护剂，不仅有美容功效，还有防尘、抗污、防水、杀菌、除臭等作用。另外，皮件、塑件上光翻新保护剂能令皮革、塑料恢复原有光泽，并在表面形成一层保护膜，防止老化。通过吸尘、清理后，采用保护剂或干洗护理剂擦拭与清洁车内装饰物、地毯、脚垫、座套等，再喷清洁剂与高温蒸汽消毒，便可使车内焕然一新。

模块三　汽车车轮保养维护

　　汽车轮胎相当于汽车的"鞋"，是汽车的主要消耗部件，也是汽车行驶系统中的重要部件。汽车轮胎检查模块是汽车车轮保养维护的基础，也是先行条件。简单来说就是检查车辆的轮胎规格、轮毂轴承、胎面花纹、轮胎磨损状况及轮胎气压。检查汽车轮胎是车轮保养维护的重要内容，同时也是保证汽车安全行驶的重要项目。

任务一　汽车轮胎检查

+ 任务描述

　　天气晴朗，一辆轿车驶入美车堂汽车美容服务中心，车主陈先生反映车辆近段时间在行驶过程中仪表上的胎压表时常报警，补充胎压后也会报警。这是为什么呢？

汽车轮胎检查

+ 任务目标

知识要求：
①掌握检查轮毂轴承、轮胎磨损及轮胎气压的相关知识。
②掌握汽车轮胎检查作业流程的相关知识。

技能要求：
①能正确引导车辆进入工位。
②能熟练使用深度规、胎压表检查轮胎的花纹磨损程度及胎压。
③能按照标准流程进行轮胎检查作业。

素养要求：
①严格执行工艺流程，质量意识强。
②感受客户对服务满意度的需求。
③树立热爱生命、珍视生命的意识。

+ 必备知识

一、汽车轮胎

1. 汽车轮胎的分类

　　汽车轮胎按胎体结构不同可分为充气轮胎和实心轮胎，现代汽车绝大多数采用充气轮胎。充气轮胎按胎内空气压力的高低，可分为高压胎、低压胎和超低压胎三种，各类汽车普遍采用低压胎。充气轮胎按组成结构不同，又分为有内胎轮胎和无内胎轮胎两种。轿车普遍采用无内胎轮胎。按轮胎内部帘布层和缓冲层的排列方式不同，轮胎又可分为子午线轮胎和斜交轮胎两种。汽车上普遍使用的是子午线轮胎。

2. 汽车轮胎的基本性能

　　（1）承载性能
　　轮胎承受着汽车自重及载重的总载荷，并将其传递到路面。载荷分为静负荷（静态）和动负荷（行驶）。静负荷可通过称量来测定；动负荷受路面条件和车辆自身的各种因素影响是变化的，且难以测定。因此在设计轮胎时要考虑它的安全倍数。轮胎的负荷能力计算与轮胎类型、轮胎的断面宽、轮胎气压等有直接关系。

（2）高速性能

汽车在高速度下行驶，轮胎要承受各种复杂的应力，且随着汽车行驶速度的提高、轮胎温度提高而导致其早期损坏，影响轮胎的使用寿命。因此要在轮胎结构、胶料配方和制造工艺等方面符合轮胎的各种性能要求并满足高速行驶的需要。近代轮胎标准都规定了轮胎速度等级标准。

（3）胎面耐磨性能

胎面磨耗是轮胎为克服滚动时所产生的摩擦力不断做功的结果，是轮胎最重要的性能之一。影响胎面磨耗的因素很多，如安装、保养、行驶路面、负荷、气压、使用条件、胎体结构、花纹和胶料性能等。

（4）胎体耐屈挠性能

轮胎在负荷下行驶，胎体的下半周承受复杂的、频率较大的周期性伸长和压缩变形。在接地部位还承受伸长、压缩和剪切应力，其变形的最大值是在靠近胎侧中心线附近。这对轮胎的使用寿命具有很大影响，所以在结构设计、材料选用、生产制造过程中要有一定的耐屈挠性能，保证轮胎具有一定的使用寿命而不致出现早期损坏。

（5）乘坐舒适性能

乘坐舒适性是轮胎一项重要的性能，对于轿车和公共汽车尤其如此。它主要受在充气压力和负荷条件下的变形而产生的轮胎缓冲性能的影响。为了改善缓冲性能，除了降低充气压力外，还可加大轮胎断面宽度和充气容积来提高乘坐舒适性能。

（6）行驶安全可靠性能

随着汽车工业的发展，汽车行驶速度不断提高，对其轮胎的安全可靠性提出了更高的要求，世界上许多国家都相继制定了安全标准，通过性能检测合格并打上标记方可出厂。

二、轮毂轴承的检查

转动车轮，检查轮毂轴承转动是否灵活、有无异常噪声（图3-1）；抓住轮胎上下面，用力沿轮毂轴线方向晃动车轮，检查轮毂有无轴向摆动（图3-2）。

图3-1　轮毂轴承检查（1）

图3-2　轮毂轴承检查（2）

三、轮胎磨损状况检查

1. 外侧边缘磨损的检查方法

用手触摸轮胎的外侧，并仔细观察磨损情况（图3-3）。轮胎的外侧边缘有较大的磨损，说明轮胎经常处于充气不足的状态，即压力不够。解决办法为多检查几次轮胎压力。一般人以为，轮胎充气不足有利于雪地和沙地行驶，在潮湿地面上也是如此。

2. 波纹状磨损的检查方法

车主发现轮胎着地部分的两侧呈凸状磨损，而且轮胎周边也呈波纹状磨损（图3-4），说明车的减震器、轴承及球形联轴节等部件磨损较为严重。因为更换新轮胎费用较高，所以建议在更换轮胎前，先检查悬挂系统的磨损情况，更换磨损部件。

图3-3　轮胎外侧边缘磨损的检查

图3-4　波纹状磨损的检查

3. 表面均匀磨损的检查方法

轮胎的均匀磨损是正常现象，其各部都会有相应的表现（图3-5）。一旦花纹已经磨干，说明轮胎的寿命已尽，必须更换。另外，花纹还有排遣路面积水的功效，能保持汽车轮胎的抓地性。

4. 轮胎深度磨损的检查方法

轮胎上有轮胎胎面磨损指示标记，用深度规测量胎面沟的深度（图3-6）。稍微突起的胎面磨损指示标记位于胎面花纹

图3-5　表面均匀磨损的检查

沟槽的底部，高度为1.6 mm。如果胎面橡胶花纹磨损到与这些突起的标记一样的高度，应该立即更换轮胎。因为继续驾驶已经不再安全，在湿滑路面上使用磨损的轮胎，将发生"水飘现象"，增加驾驶失控的风险，胎面花纹无法将轮胎下方的积水排出，从而会导致车辆失控。

标准值：轿车轮胎磨损标记高度为1.6 mm，货车轮胎磨损标记高度为2.0 mm。

图 3-6　轮胎深度磨损的检查

四、轮胎胎压的检查方法

轮胎欠压以及过压都会导致轮胎不正常磨损，缩短轮胎的寿命、增加油耗甚至会增大爆胎的概率。建议一个月检查一次轮胎气压以保证轮胎气压的正常。

轮胎气压检查必须在轮胎处于冷却状态下进行（图 3-7）。可以使用轮胎气压表或者胎压监控系统（Tire Pressure Monitoring System，TPMS）检查胎压。车辆说明书上会列明车辆各种负载状态下的标准胎压。同时，该参数也会在驾驶员车门边的标签上列明。轮胎的标准胎压为 2.2~2.6 bar，过高的胎压易增加轮胎的磨损，还可能造成爆胎，而过低的胎压则会增加油耗和车辆的颠簸感。一般来说，夏季胎压可稍低一点，冬季可以稍高一点。

图 3-7　轮胎胎压的检查

+ 作业准备

主要实训器材见表 3-1。

表 3-1　主要实训器材

实训器材	用途
胎压检测仪	检测汽车轮胎气压
胎压表	专用于测量汽车、卡车、自行车等车轮胎内的压力
轮胎刷	清理轮胎的灰尘
深度规尺	测量轮胎花纹深度
万用表	测量电压
千分尺	测量长度
游标卡	测量长度、内外径

检查实训器材工作使用情况，准备好检查工具。

+ 实训操作

任务环节	工作内容	图片
1. 正确引导客户车辆进入工位	①车辆引导员或洗车机操作员负责车辆引导工作，引导手势要求统一规范	
	②客户下车时，伸手做护头礼；待顾客下车后用规范的手势引导顾客进入休息区；使用规范语"请您里面坐！"	
	③客户确认交车后，要礼貌提示客户交接车辆钥匙，并提示："请保管好您的贵重物品！"	
2. 轮毂轴承检查	①使用液压式举升机将汽车举升至合适的高度	
	②清理轮胎表面，仔细观察轮胎及轮毂有无异常	
	③转动车轮，检查轮毂轴承转动是否灵活、有无异常噪声	

任务环节	工作内容	图片
2. 轮毂轴承检查	④抓住轮胎上下面，用力沿轮毂轴线方向晃动车轮，检查轮毂有无轴向摆动	
3. 轮胎磨损状况检查	①检查外侧边缘磨损情况，是否有异物或者铁钉镶嵌在轮胎沟槽里面	
	②检查波纹状磨损情况，有异物需取出后再检查其密封性	
	③检查表面均匀磨损情况，是否存在异常磨损	
	④检查轮胎深度磨损情况，用深度规检查轮胎两侧及中间部位的磨损情况	

任务环节	工作内容	图片
4. 轮胎的胎压检查	①操作举升机，放下汽车至地面	
	②拧下气门的防尘盖，用胎压表对全车的轮胎气压进行检测	
	③根据车辆提供的胎压值添加（排出）轮胎气压至标准	
	④用肥皂水检查异物镶嵌、气嘴等处的气密性	

+ 学习任务

一、选择题

1. 检查轮胎的磨损工具是（　　）。
   A. 万用表　　　　　　B. 深度规　　　C. 游标卡尺　　　　　D. 直尺
2. 检查轮胎的气压工具是（　　）。
   A. 胎压表　　　　　　B. 量表　　　　C. 千分表　　　　　　D. 万用表
3. 按轮胎内部帘布层和缓冲层的排列方式不同，轮胎可分为（　　）。
   A. 子午线轮胎、斜交轮胎　　　　　B. 斜交轮胎、低压轮胎
   C. 高压轮胎、超压轮胎　　　　　　D. 子午线轮胎、高压轮胎
4. 轿车轮胎磨损标记高度为（　　），货车轮胎磨损标记高度为（　　）。
   A. 1.8 mm；2.2 mm　　　　　　　B. 1.6 mm；2.0 mm
   C. 1.6 mm；2.0 mm　　　　　　　D. 1.4 mm；1.8 mm
5. 轮胎断面宽度的测量工具是（　　）。
   A. 卷尺　　　　　　　B. 游标卡尺　　C. 深度规　　　　　　D. 冠弧板

二、填空题

1. 轮胎上 240/40 R 18 93Y 的含义是_____。
2. 轿车轮胎磨损标准值是_____。
3. 轮胎胎压的标准值是_____。
4. 充气轮胎可分为_____、低压胎和超低压胎三种。

三、简述题

简述轮胎的类型。

+ 考核评分

实训名称：汽车轮胎检查				实习日期：			
姓名：	班级：			学号：		导师签字：	
自评：	师评：			企业评：			
序号	评分项	得分条件	分值	评分要求	自评	师评	企业评
1	安全、7S、态度	□①能进行工位 7S 操作 □②能进行设备和工具的安全检查 □③能进行车辆安全防护操作 □④能进行工具清洁、校准、存放操作 □⑤能进行三不落地操作	10	未完成 1 项扣 2 分，扣分不得超 10 分	□熟练 □不熟练	□熟练 □不熟练	□合格 □不合格

序号	评分项	得分条件	分值	评分要求	自评	师评	企业评
2	专业技能能力	作业一： □①能正确引导客户到休息区或观察区 □②能正确清理轮胎表面 □③能正确检查轮胎有无异常 □④能正确检查轮毂有无异常 □⑤能正确检查轮毂轴承有无异常 作业二： □①能正确检查轮胎外侧边缘磨损 □②能正确检查轮胎异常磨损 □③能正确检查轮胎表面均匀磨损 □④能正确使用轮胎花纹深度规对轮胎花纹深度进行检测 □⑤能对花纹深度结果进行判断 作业三： □①能正确使用胎压表对轮胎压力进行测量 □②能对胎压测量结果进行判断 □③能正确检查轮胎的气密性	50	未完成 1 项扣 5 分，扣分不得超 50 分	□熟练 □不熟练	□熟练 □不熟练	□合格 □不合格
3	工具及设备的使用能力	□①能准确指出设备存在的隐患 □②能正确选用检查工具 □③能正确使用深度规 □④能正确使用胎压表	20	未完成 1 项扣 5 分，扣分不得超 20 分	□熟练 □不熟练	□熟练 □不熟练	□合格 □不合格
4	数据判断和分析能力	□①能判断轮胎表面是否清洁 □②能判断轮胎表面是否有异物 □③能判断轮胎有无异常磨损 □④能判断轮胎轴承有无异常 □⑤能对花纹深度结果进行判断 □⑥能对胎压测量结果进行判断	20	未完成 1 项扣 5 分，扣分不得超 20 分	□熟练 □不熟练	□熟练 □不熟练	□合格 □不合格

+ 思考总结

你真棒！通过本任务的学习你已经掌握本节课的知识与技能，请你思考并写出汽车轮胎胎压报警的原因及消除方法。

+ 拓展部分

良好的驾驶习惯有助于保证轮胎及车辆保持良好的使用状态，下面是延长轮胎使用寿命的小建议。

①不要超速行车。时速过高会加大轮胎的屈挠，造成热量过高，加快轮胎的磨耗，缩短使用寿命。

②在汽车运行中，应当尽量避免急加速、急制动和急转向，这不但对汽车本身机械性能有坏处，对轮胎的寿命也有坏处。如果反复进行急加速、急制动和急转向等不正常行驶，会引起轮胎急剧变形，胎冠不均衡磨损，纵向沟纹撕裂，轮胎内部温度上升，容易爆胎。

③遵循规定的最高载重量，不要超载。轮胎的使用寿命在很大程度上取决于负荷的大小，经常性超载 20% 会使轮胎的使用寿命缩短至正常寿命的 50%。超载还使轮胎温度升高、气压加大，增加橡胶和帘布的疲劳，容易造成脱层。

④避开路面上的坑洞或障碍物。

⑤避免撞到马路牙石，停车时不要骑上马路牙石。

任务二 车胎破损修补

车胎破损修补

+ 任务描述

道路不平，一辆轿车在行驶过程中被钉子扎破轮胎，车主来到汽车轮胎售卖店，要求更换轮胎，在经过工作人员介绍后，改为修补汽车轮胎。

+ 任务目标

知识要求：
①掌握正确引导客户车辆进入工位的流程。
②掌握补胎工具选用等知识。
③掌握汽车轮胎破损修补作业流程的相关知识。

技能要求：
①能正确引导车辆进入工位。
②能熟练使用补胎工具等。
③能按照标准流程进行车轮胎破损修补作业。

素养要求：
①严格执行工艺流程，质量意识强。
②与所有同事保持良好合作关系。
③感受客户对服务满意度的需求。

+ 必备知识

一、轮胎拆装机

轮胎拆装机是拆卸、安装汽车轮胎时必不可少的汽车维修设备。随着轮胎拆装机市场越来越大，技术的更新换代速度加快，目前拆胎机种类众多，有气动式轮胎拆装机、全自动轮胎拆装机、手动式轮胎拆装机、液压式轮胎拆装机等，而最为常见的是气动式轮胎拆装机。

气动式轮胎拆装机集各种功能于一身，是目前市场上最先进的机型之一，也是国内唯一的功能最全、性能最好的机型。该机具有双侧的机械气动助臂，适合各国的操作方法，操作比较简便快捷，可以提高工作效率，特别适用于轮胎厂生产线配套。采用的是立柱气动后倾，推拉气动自动锁紧设计。简易有效的防爆冲装置，解决了轮胎充气难问题，灵活机动，可随机器，可分离，适合各种汽车维修店。

二、轮胎拆装机操作规程

①使用前，应清除轮胎拆装机上及附近妨碍作业的器具及杂物，并检查机器各部位是否正常。
②拆卸轮胎时，先将轮胎内的气完全放净，去掉钢圈上所有铅块。
③拆胎前，将轮胎放到轮胎挤压位置，反复转动轮胎并操作挤压臂使轮胎和钢圈彻底分离，挤压过程中应防止手、脚深入挤压臂内。

④轮胎搬上拆装台时，应避免磕碰设备，踩下踏板锁住钢圈前，应确认卡盘和钢圈之间没有异物，不允许用手指探察钢圈是否放正。

⑤拆装轮胎前，应用毛刷在轮胎内圈抹好润滑液，禁止使用矿物油作润滑液。

⑥拆装轮胎过程中，用撬棍将轮胎边挑到"鸟头"上时，应注意撬棍的用力方向和力度，绝不允许将手深入撬开的缝隙中。轮胎边挑上"鸟头"取出撬棍后，才能踩下踏板使卡盘旋转，将轮胎扒出钢圈。

⑦轮胎充气前，应先确认轮胎气压表是否正常，充气时一定要注意安全，要注意观察压力表，以免轮胎过压造成人员伤害。

三、蘑菇钉补胎法

①准备蘑菇钉。拆下被扎的轮胎，取出上面的钉子，准备好蘑菇钉；发现轮胎伤口，并对伤口部位进行内外标记。

②涂胶。在蘑菇钉上涂上专用胶水。

③打磨吸尘。将轮胎内壁被扎部分进行打磨吸尘。以伤口为中心，画出打磨范围。范围大于整体塞冠部直径约 10 mm。（注意：在打磨的时候不要损坏轮胎的帘布层。）

④穿入蘑菇钉。将蘑菇钉从内侧穿入破损处，使其顶端从外侧穿出。用工具从外侧拖拽蘑菇钉顶部使胎壁内的蘑菇钉底座尽量与胎壁贴合。

⑤抽出贴合。使用钳子夹住穿出伤口外的整体塞梗部，用力拉，直至整体塞冠部紧贴轮胎内壁。再次从内侧碾压以保证贴合，然后涂胶。

⑥压紧。使用压实滚轴由中心向外压实，在轮胎外侧将多余的蘑菇钉裁掉。取掉整体塞上的薄膜，压实至粘贴完好。使用安全密封胶，涂抹于整体塞边缘及打磨区域。

⑦割掉多余。在距胎冠 2~3 mm 处，切除多余的整体塞梗部。（注意：做动平衡以保证车辆行驶平稳。）

+ 作业准备

主要实训器材选用见表 3-2。

表 3-2　主要实训器材

实训器材	用途
轮胎拆装机	各型汽车轮胎的拆装
钳子	拔出异物
吸尘器	清除灰尘、橡胶屑及钢丝屑
蘑菇钉	修补轮胎
电钻	打孔
打磨机	打磨

检查实训器材工作使用情况，穿戴防护工具。

+ 实训操作

任务环节	工作内容	图片
1. 准备阶段	①检查轮胎受损位置与受损情况，确认是否使用蘑菇钉补胎：胎冠内壁创口达到 3~6 mm，差值 ≤ 2 mm，斜度 ≤ 15° 的开放性伤口（透明窟窿）适合使用蘑菇钉修补。胎侧严禁使用蘑菇钉，胎肩中线左右 10 mm 严禁使用蘑菇钉	
	②用轮胎拆装机将轮胎与轮毂进行分离，找到轮胎伤口，并对轮胎内外两侧伤口位置做好标记	
	③观察伤口处是否有穿刺异物，如有，用工具取出	
	④检查伤口大小和倾斜度，如伤口倾斜度小于 15°，方可选择使用蘑菇钉补胎法修复；如穿透角度大于 25° 时，必须使用两片分开式方法进行修理	
2. 补胎	①使用清洗剂对伤口喷涂，配合刮垢工具进行刮垢处理，至少 2 次	

续表

任务环节	工作内容	图片
2. 补胎	②以伤口为中心，画出打磨范围。范围大于整体塞冠部直径约 10 mm	
	③使用低速打磨机配合打磨轮，在打磨范围内均匀打磨	
	④使用低速气钻，配合碳化钢钻头，沿伤口破损角度，顺时针由里向外，再由外向里切割破损钢丝。使用低速打磨机配合钢丝刷清扫打磨区域	
	⑤使用吸尘器清除灰尘、橡胶屑及钢丝屑	
	⑥用螺旋上胶器将常温硫化剂按顺时针方向涂于伤口内部	
	⑦将常温硫化剂涂抹在打磨区域	

任务环节	工作内容	图片
2. 补胎	⑧取掉整体塞梗部及冠部的薄膜，并将其反粘在整体塞冠部。将常温硫化剂涂抹在整体塞黑胶部位	
	⑨将整体塞梗部插入伤口	
	⑩用钳子夹住穿出伤口外的整体塞梗部，用力拉，直至整体塞冠部紧贴轮胎内壁	
	⑪将整体塞压实至粘贴完好，取掉整体塞上的蓝色薄膜	
	⑫使用安全密封胶，涂抹于整体塞边缘及打磨区域	
	⑬在距胎冠 2~3 mm 处，切除多余的整体塞梗部	

续表

任务环节	工作内容	图片
3. 检查修补情况	①将轮胎安装在轮毂上	
	②给轮胎充气，检查修补情况	

+ 学习任务

简答题

1. 简单叙述本任务的知识、技能、素养的要求（关键字）。

2. 请写出蘑菇钉补胎的优点。

3. 写出蘑菇钉补胎需使用的工具设备。

+ 考核评分

实训名称：车胎破损修补				实习日期：			
姓名：	班级：			学号：		导师签字：	
自评：	师评：			企业评：			

序号	评分项	得分条件	分值	评分要求	自评	师评	企业评
1	安全、7S、态度	□①能进行工位 7S 操作 □②能进行设备和工具的安全检查 □③能进行车辆安全防护操作 □④能进行工具清洁、校准、存放操作 □⑤能进行三不落地操作	10	未完成 1 项扣 2 分，扣分不得超 10 分	□熟练 □不熟练	□熟练 □不熟练	□合格 □不合格
2	专业技能能力	□①能正确拆下轮胎 □②能正确判轮胎伤口倾斜程度 □③能正确打磨内胎 □④能正确除尘 □⑤能正确打胶 □⑥能正确安装蘑菇钉 □⑦能正确压实 □⑧能正确涂抹密封胶 □⑨能正确切除多余的整体塞梗部	50	未完成 1 项扣 5 分，扣分不得超 50 分	□熟练 □不熟练	□熟练 □不熟练	□合格 □不合格
3	工具及设备的使用能力	□①能准确指出设备存在的隐患 □②能正确使用轮胎拆装机 □③能正确选用清洗工具 □④能正确选用打磨机	20	未完成 1 项扣 5 分，扣分不得超 20 分	□熟练 □不熟练	□熟练 □不熟练	□合格 □不合格
4	数据判断和分析能力	□①能判断车胎受损是否适合蘑菇钉补胎 □②能判断贴几块蘑菇钉 □③能判断蘑菇钉安装是否合格	20	未完成 1 项扣 5 分，扣分不得超 20 分	□熟练 □不熟练	□熟练 □不熟练	□合格 □不合格

+ 思考总结

你真棒！如果遇到轮胎被钉子刺穿了，你是给客户推荐更换轮胎还是修补轮胎呢？

+ 拓展部分

轮胎拆装机的维护保养与注意事项

①进行维护保养之前，必须断开电源和气源。

②每天工作结束后，必须认真擦拭机器，对各滑动和转动部位经常进行注油润滑。

③经常检查气水分离器和油雾器。当积水过多时应及时放出，油量不足时应及时补充（用 20 号或 30 号锭子油）。

④保证减速器内有足够的润滑油（20 号机械油），从油窗能看到油位即可。将工作台中心的塑料盖打开，拧下螺栓，即可从螺栓孔加油。

⑤保证设备清洁，油杯中保证有润滑油，气水分离器应定期放水。

⑥保证供气压力为 0.8~1.2 MPa。

任务三　汽车四轮定位检测与调整

+ 任务描述

汽车四轮定位
检测与调整

客户张先生在直线行驶时发现轿车行驶跑偏，转向后转向盘无法自动回正。将汽车送到店里查看后，张先生愉快地接受了对爱车进行四轮定位检测与调整的建议。如果你是张先生，你会同意吗？为什么？接下来让我们一起来了解吧。

+ 任务目标

知识要求：

①掌握车辆行驶高度的测量流程；后轴轴心线（推力线/中心线）和轮距的识别及测量方法。

②掌握汽车四轮定位检测与调整作业流程的相关知识。

技能要求：

①能够按标准操作规范测量车辆的行驶高度。

②能熟练使用世达套装工具、扭力扳手、偏心螺丝、红外线探头、四轮定位仪等工具设备。

③能够按照标准流程进行四轮定位检测与调整作业。

素养要求：

①严格执行工艺流程，质量意识强。

②了解环保法规及相关知识。

③确认和解决所有客户的需求，提供周到的服务和所需的维修知识及建议。

+ 必备知识

一、四轮定位

轿车的转向车轮、转向节和前轴三者之间的安装具有一定的相对位置，这种具有一定相对位置的安装称为转向车轮定位，也称前轮定位。前轮定位包括主销后倾（角）、主销内倾（角）、前轮外倾（角）和前轮前束四个内容。对两个后轮来说也同样存在与后轴之间安装的相对位置，称为后轮定位。后轮定位包括后轮外倾角和逐个后轮前束。前轮定位和后轮定位一起称为四轮定位。

二、偏心螺丝

偏心螺丝（图3-8）是螺丝的一种，主要利用物体的斜面圆形旋转和摩擦力的物理学和数学原理循序渐进地紧固器物机件的工具。偏心螺丝在汽车上的使用非常多，是用于调整汽车轮胎角度的，具体来说是调节内外倾角和微调左右轮高低角度的。一般在汽车吃胎时，需要安装偏心螺丝，否则轮胎使用不了多久就会被磨漏，出现爆胎现象。此外，车架或仰角、减震器等部件变形导致主销内倾角无法校正时，也需要在减震器上换装可调整的偏心螺丝来校正倾角。

图3-8　偏心螺丝

三、汽车四轮定位仪

图 3-9　汽车四轮定位仪

汽车四轮定位仪（图 3-9）是用于检测汽车车轮定位参数，并与原厂设计参数进行对比，指导使用者对车轮定位参数进行相应调整，使其符合原设计要求，以达到理想的汽车行驶性能，即操纵轻便、行驶稳定可靠、减少轮胎偏磨损的一种精密测量仪器。

市场上大多数的汽车四轮定位仪是以 CCD 为核心技术的产品。CCD 汽车四轮定位仪数据采集部分为 4 个测量探头。测量探头中的传感器（CCD）分别感应与其相对的测量探头上的红外发射管的光线坐标，经无线发射器传输到机柜中的无线接收器，再经工控机中的 COM 口传输到电脑主机，进行运算与处理。由于 CCD 传感器反映了其自身与相对应的测量探头上的红外发射管的相互关系，而测量探头通过 4 个轮夹与汽车轮辋相连，所以通过 8 个 CCD 传感器可以测量出 4 个轮辋的相互关系，从而确定车轮的定位参数。8 个 CCD 传感器形成 1 个封闭的四边形，可实现车辆的四轮定位测量。在实际应用中，4 个测量探头上的 8 个 CCD 传感器，其镜头前面都装有滤光片，以消除可见光对红外发射二极管亮点图像的干扰。数据处理部分为四轮定位仪主机，主要包括一套计算机系统、电源系统及接口系统。其作用是实现用户对四轮定位仪的指令操作，对传感器的图像数据进行采集、处理，并与原厂设计参数一起显示出来，同时指导用户对汽车车轮进行调整，最后打印出相应的报表。

+ 作业准备

主要实训器材见表 3-3。

表 3-3　主要实训器材

实训器材	用途
胎压表	测量轮胎压力
扭力扳手	紧固螺栓
偏心螺丝	紧固器物机件
深度规	测量胎面沟的深度
抹布	擦拭污物
四轮定位仪	检测汽车车轮定位参数
方向盘锁止器	汽车有效的防盗工具
车轮挡块	放置在轮胎的前部和后部
刹车踏板锁止器	限制动力的踏板

检查实训器材工作使用情况，准备好工具设备。

+ 实训操作

任务环节	操作步骤	图片
1. 正确引导客户车辆进入工位	①车辆引导员或洗车机操作员负责车辆引导工作，引导手势要求统一规范	
	②客户下车时，伸手做护头礼；待顾客下车后用规范的手势引导顾客进入休息区；使用规范语"请您里面坐！"	
	③客户确认交车后，要礼貌提示客户交接车辆钥匙；并提示："请保管好您的贵重物品！"	
2. 定位前工作	①检查车辆底盘，确保底盘正常	
	②检查胎压、胎纹深度，确保轮胎正常	

续表

任务环节	操作步骤	图片
2. 定位前工作	③安装红外线探头，并固定在水平位置	
3. 定位工作	①在电脑上输入车辆信息，选择好车型	
	②运行软件检查和调整外倾角与后倾角	
	③运行软件检查 SAI（转向轴倾角）、KPI（主销后倾角）和包含角，确认是否需要维修	
	④运行软件检查并调整前束	

任务环节	操作步骤	图片
3. 定位工作		
	⑤运行软件检查后轴轴心线（推力线/中心线）和轮距，确认是否需要维修	
4. 定位后	①取下红外线探头，清洁归位	
	②开出车辆进行试车	
5. 现场 7S 管理	清洁地面，整理工具	

+ 学习任务

一、选择题

1. 主销后倾角过大会造成（　　　）。
   A. 转向轻便　　B. 转向跑偏　　C. 转向沉重　　D. 转向不稳

2. 主销内倾角的作用除使转向操作轻便外，还具有（　　　）的能力。

  A. 使转向轮自动回正　　　　　B. 减小轮胎磨损

  C. 减小车轮行驶跑偏　　　　　D. 提高车轮的安全性

3. 四轮定位过程中，前轮必须处于四轮定位仪（　　　）。

  A. 转角盘中心　　　　B. 转角盘前端　　　　C. 转角盘后端　　　　D. 前后均可

二、填空题

1. 汽车的四轮定位有前轮的＿＿＿＿＿＿＿＿、＿＿＿＿＿＿＿＿、＿＿＿＿＿＿＿＿、＿＿＿＿＿＿＿＿4 种，后轮外倾角和＿＿＿＿＿＿＿＿。

2. 轮胎胎纹深度的正常值范围是＿＿＿＿＿＿＿＿。

3. 写出汽车四轮定位检测与调整的步骤有＿＿＿＿＿＿＿＿。

+ 考核评分

实训名称：汽车四轮定位检测与调整				实习日期：			
姓名：	班级：			学号：		导师签字：	
自评：	师评：			企业评：			
序号	评分项	得分条件	分值	评分要求	自评	师评	企业评
1	安全、7S、态度	□①能进行工位 7S 操作 □②能进行设备和工具的安全检查 □③能进行车辆安全防护操作 □④能进行工具清洁、校准、存放操作 □⑤能进行三不落地操作	10	未完成 1 项扣 2 分，扣分不得超 10 分	□熟练 □不熟练	□熟练 □不熟练	□合格 □不合格
2	专业技能能力	作业一： □①能正确停放车辆 □②能正确检查车辆底盘有无异常 □③能正确检查轮胎压力、胎纹深度 □④能正确安装红外线探头 □⑤能正确安装刹车踏板锁止器、方向盘锁止器 作业二： □①能正确测量车辆的行驶速度 □②能正确检查和调整外倾角和后倾角	50	未完成 1 项扣 5 分，扣分不得超 50 分	□熟练 □不熟练	□熟练 □不熟练	□合格 □不合格

序号	评分项	得分条件	分值	评分要求	自评	师评	企业评
2	专业技能能力	□③能正确检查 SAI（转向轴倾角）、KPI（主销后倾角）和包含角，并确认是否需要维修 □④能正确检查并调整前束 □⑤能正确检查后轴轴心线（推力线/中心线）和轮距，并确认是否需要维修	50	未完成 1 项扣 5 分，扣分不得超 50 分	□熟练 □不熟练	□熟练 □不熟练	□合格 □不合格
3	工具及设备的使用能力	□①能准确指出设备存在的隐患 □②能正确使用胎压表和深度规 □③能正确使用四轮定位仪	20	未完成 1 项扣 5 分，扣分不得超 20 分	□熟练 □不熟练	□熟练 □不熟练	□合格 □不合格
4	数据判断和分析能力	□①能判断汽车底盘是否异常 □②能判断汽车轮胎是否异常 □③能判断外倾角和后倾角是否正常 □④能判断 SAI（转向轴倾角）、KPI（主销后倾角）和包含角是否需要维修 □⑤能判断前束是否正常 □⑥能判断后轴轴心线（推力线/中心线）和轮距是否需要维修	20	未完成 1 项扣 5 分，扣分不得超 20 分	□熟练 □不熟练	□熟练 □不熟练	□合格 □不合格

+ 思考总结

你真棒！掌握本节课的知识与技能，请你思考并写出如何为张先生的汽车进行四轮定位？在实操过程中又需要注意些什么呢？

+ 拓展部分

1. 主销后倾角

从侧面看车轮，转向主销（车轮转向时的旋转中心）向后倾倒，称为主销后倾角。设置主销后倾角后，主销中心线的接地点与车轮中心的地面投影点之间产生距离（称作主销纵倾移距，与自行车的前轮叉梁向后倾斜的原理相同），使车轮的接地点位于转向主销延长线的后端，车轮就靠行驶中的滚动阻力被向后拉，使车轮的方向自然朝向行驶方向。设定很大的主销后倾角可提高直线行驶性能，同时主销纵倾移距也增大。主销纵倾移距过大，会使转向盘沉重，而且由于路面干扰而加剧车轮的前后颠簸。

2. 主销内倾角

从车前后方向看轮胎时，主销轴向车身内侧倾斜，该角度称为主销内倾角。当车轮以主销为中心回转时，车轮的最低点将陷入路面以下，但实际上车轮下边缘不可能陷入路面以下，而是将转向车轮连同整个汽车前部向上抬起一个相应的高度，这样汽车本身的重力又使转向车轮恢复到原来中间位置，因而方向盘复位容易。

此外，主销内倾角还使主销轴线与路面交点到车轮中心平面与地面交线的距离减小，从而减小转向时驾驶员加在方向盘上的力，使转向操纵轻便，同时也可减少从转向轮传到方向盘上的冲击力。但主销内倾角也不宜过大，否则会加速轮胎的磨损。

3. 前轮外倾

从前后方向看车轮时，轮胎并非垂直安装，而是稍微倾倒呈现"八"字形张开，称为负外倾，而朝反方向张开时称正外倾。使用斜线轮胎的鼎盛时期，由于使轮胎倾斜触地便于方向盘的操作，所以外倾角设得比较大。现在汽车一般将外倾角设定得很小，接近垂直。汽车装用扁平子午线轮胎不断普及，由于子午线轮胎的特性（轮胎花纹刚性大，外胎面宽），若设定大外倾角会使轮胎磨偏，降低轮胎摩擦力。还由于助力转向机构的不断使用，也使外倾角不断缩小。尽管如此，设定少许的外倾角可对车轴上的车轮轴承施加适当的横推力。

4. 前轮前束

脚尖向内指的是左右前轮分别向内。采用这种结构的目的是修正上述前轮外倾角引起的车轮向外侧转动。如前所述，由于有外倾，方向盘操作变得容易。另一方面，由于车轮倾斜，左右前轮分别向外侧转动，为了修正这个问题，如果左右两轮带有向内的角度，则正负为零，左右两轮可保持直线行进，减少轮胎磨损。

上述4种定位值都是前轮定位的指标。后轮定位值与前轮定位值相似，但大多数轿车的后轮定位不可调。

模块四　贴膜服务

汽车前、后挡玻璃贴膜是汽车加装与改装项目的基础，一般来说，汽车前、后挡玻璃贴膜是每辆车都需要加装的项目。贴膜前准备工作以及贴膜的操作方法都是汽车贴膜的学习重点。

通过学习本模块的任务内容可完成"1+X"汽车美容装饰与加装服务技术—初级—强化项目—前、后挡玻璃贴膜考核。

任务一　前、后挡玻璃贴膜

+ 任务描述

前挡玻璃
内侧贴膜

前挡玻璃
外侧贴膜

　　车主王先生在美车堂洗车之后，工作人员 A 对他说："王先生，您的新车前、后挡玻璃还没有贴膜，您有没有考虑为自己的爱车玻璃贴上一层保护膜呢？"

　　王先生说："贴膜有什么用？浪费钱吧！"

　　工作人员 A 说："你看现在天气这么炎热，前、后挡玻璃贴膜既可以隔阻热量，还可以过滤强烈的紫外线，一旦玻璃发生爆裂也会因为贴膜而不会四处飞溅伤到乘车人。"

　　王先生："贴膜竟然有这么多好处，现在就给我的车贴膜吧！"

+ 任务目标

知识要求：

①掌握正确引导客户车辆进入工位的流程。

②掌握汽车前、后挡玻璃贴膜的相关知识。

③掌握汽车贴膜的流程及注意事项。

技能要求：

①能正确选用各种膜的型号。

②能熟练裁膜、烤膜，进行前、后挡玻璃膜装贴等操作。

③能按照标准流程进行前、后挡玻璃贴膜作业。

素养要求：

①严格执行工艺流程，质量意识强。

②能与所有同事保持良好合作关系。

③感受客户对服务满意度的需求。

+ 必备知识

一、车膜的作用

①隔热防晒：贴膜能很好地阻隔红外线产生的大量热量。

②隔紫外线：紫外线中的中波、长波能穿透玻璃，贴上隔热膜能隔断大部分紫外线，防止皮肤受伤害，也能减缓汽车内饰老化。

③安全与防爆：膜的基层为聚酯膜，有耐撕拉、防击穿的功能，加上膜的胶层，

贴膜后能有效防止因玻璃意外破碎对司乘人员造成的伤害。

④营造私密空间：选择合适的车膜，贴膜后，通常在车外看不清车内的情况，而在车内却可以看清车外的情况，保留隐私和安全。

⑤降低空调能耗：贴上隔热膜后，空调制冷能力的损失可以得到弥补，能保持车内温度，节省油耗。

⑥增加美观：根据个人喜好，通过贴膜能个性化装扮爱车。

⑦防眩光：减少眩光造成的意外情况。

二、车膜的分类

（1）太阳纸

太阳纸是涂布与复合工艺膜，主要作用是遮挡强烈的太阳光。这类汽车膜是较早期的产品，基本不具备隔热的作用。

（2）染色膜

市场上所见的染色膜多为深层染色工艺，以深层染色的手法加注吸热剂，通过吸收太阳光中的红外线达到隔热的效果。因其同时也吸收了可见光，导致可见光穿透率不够，再加上本身工艺所限，清晰度较差。此类膜的另一缺点是隔热功能衰减很快，且容易褪色，但价格相对较便宜。

（3）真空热蒸发膜

真空热蒸发膜采用的是真空热蒸发工艺，将铝层蒸发于基材上，达到隔热效果。这也是通常所说的金属膜，具备较持久的隔热性。它的缺点是清晰度不高，影响视觉舒适性，且较高反光。

（4）金属磁控溅射膜

金属磁控溅射膜是目前玻璃膜中较好的一种。磁控溅射工艺是将镍、银、钛、金等高级宇航合金材料采用先进的多腔高速旋转设备，利用电场与磁场原理高速度、高力量地将金属粒子均匀溅射于高张力的 PET 基材上。磁控溅射工艺的产品除具备很好的金属质感、稳定的隔热性能外，还具有其他工艺所无法达到的清晰度与低反光及持久的色泽。

三、汽车车膜的选购指标

（1）透光度和清晰性

透光度和清晰性是车膜中关乎行车安全最重要的性能，尽量不要选取透光度太低的膜，尤其是前排两侧车窗的膜，应选择透光度在 85% 以上的膜较为适宜。此时侧窗膜无须挖孔且不影响视线，夜间行车时还能减弱后面来车大灯照射在倒后镜的强烈眩光反射。此外，在雨夜行车、倒车、调头时也能保证视线良好。

（2）隔热率

隔热率是体现车膜隔热性能的重要指标。质量好的车膜能反射红外线，降低车内温度，继而降低空调负荷，节省燃油。车主在选购时，可以直接用贴了膜的玻璃挡住太阳，用手去感受其隔热效果。

（3）防爆性能

防爆性能也是涉及安全的一重要性能。优质防爆膜本身有很强的韧性，玻璃破裂后可被膜粘牢不会飞溅伤人，并且其抗冲击性能很强；而劣质防爆膜手感很软，缺乏足够的韧性，不耐紫外线照射，易老化发脆。

（4）紫外线阻隔率

高质量膜的紫外线阻隔率一般不低于 98%，有的甚至可达 100%。高紫外线阻隔率能有效防止车内的人被过量的紫外线照射，灼伤皮肤，还能保护车内饰不会被晒坏。

（5）颜色

可根据车身颜色和个人的爱好来搭配车膜颜色，通常选用较浅的绿色、天蓝色、灰色、棕色、自然色等对眼睛较舒服的颜色。不同车膜的颜色稳定时间也不相同，一般的染色膜在半年到 1 年内颜色就会发生较大的变化；质量较好的原色膜会在 3 ~ 5 年内保证颜色的稳定；磁控溅射膜的颜色稳定度可长达 10 年以上。

（6）膜面防划伤层

优质高档的车膜表面都有一层防划伤层，在正常使用下能保护膜面不易被划伤。

（7）保质期

一般正规厂家生产的车膜都有较长的质量保证期，通常是 5 年。有些优质膜的保质期可长达 8 年。

四、常用的贴膜工具

（1）裁膜台（图 4-1）

裁膜台的要求如下：①选用 9~10 mm 厚玻璃；②尺寸以 173 cm×85 cm 为宜（图 4-2）；③玻璃四周需要磨边；④可用玻璃胶固定台面。

图 4-1　裁膜台

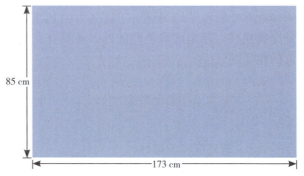

图 4-2　裁膜台玻璃尺寸

（2）其他贴膜工具

其他贴膜工具：钢尺（图 4-3），其规格见表 4-1；美工刀（图 4-4）；车身保护套（图 4-5）；喷水壶（图 4-6）；玻璃清洗软刮板（图 4-7）；硬刮板（图 4-8）；钢刮（图 4-9）；刮水刮板（图 4-10）。

图 4-3　钢尺

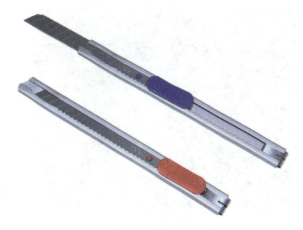

图 4-4　美工刀

表 4-1　钢尺规格

规格	总长	尺身宽度	厚度	材质
15 cm	17 cm	19 mm	0.7 mm	不锈钢
20 cm	23 cm	26 mm	0.7 mm	不锈钢
30 cm	33 cm	26 mm	0.8 mm	不锈钢
40 cm	43 cm	29 mm	1 mm	不锈钢
50 cm	53 cm	29 mm	1 mm	不锈钢
60 cm	63 cm	29 mm	1 mm	不锈钢
100 cm	104 cm	38 mm	1.2 mm	不锈钢
150 cm	154 cm	38 mm	1.5 mm	不锈钢
200 cm	204 cm	38 mm	2 mm	不锈钢

图 4-5　车身保护套

图 4-6　喷水壶

图 4-7　玻璃清洗软刮板

图 4-8　硬刮板

图 4-9　钢刮

图 4-10　刮水刮板

+ 作业准备

主要实训器材见表 4-2。

表 4-2　主要实训器材

实训器材	用途
大毛巾、小毛巾	擦洗干净、干燥汽车玻璃表面
裁膜台	裁剪车膜
美工刀	裁剪车膜
喷壶	喷涂一定的贴膜液
车身保护套	保护车辆外观
钢尺	进行数据测量
钢刮	刮洗

+ 实训操作

任务环节	工作内容	图片
1. 正确引导客户车辆进入工位	①车辆引导员或洗车机操作员负责车辆引导工作，引导手势要求统一规范	
	②客户下车时，伸手做护头礼；待顾客下车后用规范的手势引导顾客进入休息区；使用规范语"请您里面坐！"	
	③客户确认交车后，要礼貌提示客户交接车辆钥匙；并提示："请保管好您的贵重物品！"	
2. 车辆检查	①车辆外部检查，主要检查漆面及玻璃表面的划痕、破损等	
	②车辆内部检查，主要针对车内仪表、座椅等各部位的情况进行核对	
	③车辆检查完成后，一定要开出车辆施工单，给予客户确定签字	

续表

任务环节	工作内容	图片
3. 汽车清洗	①把整车外部、内部全面清洗干净	
	②玻璃内外部要特别仔细清洁，并且把玻璃内部上所贴的一切物品撕下来，如保险标志等，放置在其他地方，待贴好膜后重新贴回玻璃上。注意：ETC卡、交通信息卡等粘贴比较牢固，不能取下	
	③把车内仪表及后挡玻璃内后台上的物品整理并摆放至干净处，保证足够的施工空间	
4. 车辆内外部保护	①车外保护：防止贴膜时使用的工具设备对车漆表面的剐蹭，如线板、刮板、喷壶、美工刀、烤枪等	
	②车内保护：用毛巾、贴膜保护套或者塑料保护膜对仪表、门板、中控面板、方向盘等处实施保护，防止贴膜液渗入造成原车线路问题，也防止贴膜过程中对车内装饰的剐蹭	

任务环节	工作内容	图片
5. 测量尺寸	使用卷尺或者钢尺对前、后挡玻璃进行数据测量统计，量出每一张玻璃的最宽值和最高值	
6. 裁膜	①用干净干燥的毛巾把裁膜台表面擦洗干净、干燥	
	②把客户选择的车膜放置在裁膜台上	
	③平均拉出一部分膜铺平在台面上，膜边不得超过裁膜台台面	
	④按照尺寸数值，合理计算最节约的裁膜方式后，用钢尺配合美工刀裁下每一张不同尺寸的膜。注意：裁膜时要避开膜面有折痕、破损、沙眼的地方，并且裁膜一定要保证膜面的完整及安全	

任务环节	工作内容	图片
7. 铺膜	①把前挡玻璃外部再次擦洗干净，并用烤枪对玻璃外部进行烘烤，均匀烤干玻璃上的水分，并对玻璃进行预热	
	②确定膜面的正反，离心膜向外的为正面。把膜反面平铺在玻璃外部，膜面对好玻璃角度，使膜面完全覆盖住玻璃并保持膜面水平	
	③用毛巾或者餐巾纸条沾水在膜与玻璃表面中心线上划出一条水平和一条垂直的宽 2 ~ 3 cm 的直交叉水线，用于膜的粘附和固定	
	④横裁的膜水线要形成玻璃上下两条横向水线、中间一条竖向水线的工字形；竖裁的膜水线要形成左右两条竖向水线、中间一条横向水线的 H 形。这是为了固定膜的收缩方向	
8. 初裁	①待膜平铺完成后，使用剪刀或者美工刀对玻璃上膜面边缘多余的材料进行初步裁切，使膜面形状和玻璃形状大小基本一致	

任务环节	工作内容	图片
8. 初裁	②初步裁切好膜后要把膜边压平整，保证膜面气泡不在压边的水线上	
	③横裁的膜面把气泡往左右两边平均分配，竖裁的膜面把气泡往上下两边平均分配。这样做是保证气泡在正常的膜面收缩边上	
9. 烤膜	①确定膜面的性能，行业里的每一种车膜的收缩性能和耐热性能都不一样，所以烤膜前必须对膜的性能进行测试，以确定烤膜的温度和技术标准。可以用初步裁切剩下的边角料来进行烤膜测试	
	②观察膜面气泡的走向，开启烤枪调至合适的温度，从膜面的气泡顶端逐步向气泡边缘进行烘烤，烘烤至膜面形成规律性的波浪状或者鱼鳞状时，表示膜面收缩性合理正常。按照这个方法烘烤整个前挡玻璃	
10. 刮平	①待整个膜面烘烤完成后，需要等待玻璃自然冷却至正常温度	
	②掀开膜面，在整个玻璃表面喷涂贴膜液，再把膜面覆盖在玻璃上	

续表

任务环节	工作内容	图片
10. 刮平	③用牛筋刮、软刮、硬刮从玻璃中心点按烘烤膜面的轨迹对膜面进行全面刮平至膜面与玻璃完全贴合	
	④如果刮膜面时有大型气泡刮不平整，说明膜面烘烤未达到效果，这时可以对单个气泡重新烘烤后再次刮平	
11. 膜面精裁	①裁切时，要根据实际贴膜面积进行规划，最好大于玻璃视野面积 2~3 cm²，膜面边缘预留越多，贴膜难度相对会增加	
	②裁切时一定要保证裁切边平整无缺口、无破损	
	③根据玻璃上的实际粘贴物，要把某些不能取下的粘贴物位置裁切出来，保证贴膜顺畅	
12. 撕膜	①准备两小块撕开的废弃边角料，把两块膜分别粘在前挡膜面一个角的正反面，用力按紧，然后撕开，就可以很好地把膜面的离心膜分开	

任务环节	工作内容	图片
12. 撕膜	②一边撕开离心膜，一遍向膜胶面喷大量的贴膜液，直至整张膜面撕开喷好贴膜液，最后把离心膜重新铺回胶面上并且把整张膜卷好	
13. 贴膜	①用喷壶在玻璃内表面喷涂一定的贴膜液，至玻璃表面有一层水雾即可，用手在玻璃表面平均地擦拭一遍，触摸玻璃表面是否有沙粒、划痕、污垢等问题	
	②用钢刮或者硬刮从上往下逐步对用手擦拭过的内玻璃表面进行刮洗，刮洗至玻璃表面干净无水痕即可。如果一次刮洗效果不明显，可进行多次刮洗	
	③在内玻璃表面喷涂少量的贴膜液，用牛筋刮或者软刮对内玻璃表面刮洗至完全干净。如果一次刮洗效果不明显，可进行多次刮洗	

任务环节	工作内容	图片
13.贴膜	④玻璃洗干净后在玻璃内表面喷上大量的贴膜液，保证贴膜时有足够的润滑性	
	⑤把膜放置在仪表台上的一边，往另外一边慢慢撕开至离心膜完全剥离	
	⑥把撕开的膜整张铺在内玻璃表面，对好边缘位置，用手初步赶平	
	⑦用牛筋刮或者软刮对膜面从中心按烤膜轨迹向四周进行刮平至膜面基本无水分	
	⑧在膜面喷涂少量的贴膜液，把离心膜重新铺平在膜面上	
	⑨用硬刮从中心按烤膜轨迹向四周刮平至膜面水分干透	

任务环节	工作内容	图片
13. 贴膜	⑩检查一下膜面的水分是否完全刮干，边缘是否还有气泡，如果有就要重新刮平或者重新烘烤	
	⑪撕开离心膜，前挡玻璃贴膜完成	

+ 学习任务

1. 简单叙述贴膜相关知识、技能、素养的要求（关键字）。

2. 作业前准备

（1）贴膜常用工具有_____、_____、_____、_____、_____、_____。

（2）前挡玻璃膜的国家标准参数是_____、_____、_____、_____。

3. 贴膜

（1）用喷壶在玻璃内表面喷涂一定的_____，至玻璃表面有一层水雾即可，用手在玻璃表面平均地擦拭一遍，触摸玻璃表面是否有_____、_____、_____等问题。

（2）车辆外部检查，主要检查漆面及玻璃表面的_____、_____等。

（3）贴膜的步骤有_____、_____、_____、_____、_____、_____等。

+ 考核评分

实训名称：前、后挡玻璃贴膜作业					实习日期：			
姓名：		班级：			学号：		导师签字：	
自评：		师评：			企业评：			
序号	评分项	得分条件		分值	评分要求	自评	师评	企业评
1	安全、7S、态度	□①能进行工位 7S 操作 □②能进行设备工具的安全检查 □③能进行车辆安全防护操作 □④能进行工具清洁、校准、存放操作 □⑤能进行三不落地操作		15	未完成 1 项扣 3 分，扣分不得超 15 分	□熟练 □不熟练	□熟练 □不熟练	□合格 □不合格
2	专业技能能力	□①能正确鉴别车膜质量 □②能正确选用车膜 □③能正确清洁前挡玻璃 □④能正确遮蔽汽车内部电器部位 □⑤能正确遮蔽窗边 □⑥能正确遮蔽发动机舱盖 □⑦能正确按前挡玻璃模具预切割 □⑧能正确进行贴膜烘烤整形 □⑨能正确进行贴膜收缩定型 □⑩能正确进行贴膜裁边 □⑪能正确润滑及冲洗前挡玻璃 □⑫能正确进行上膜作业 □⑬能正确进行赶水 □⑭能正确进行收边 □⑮能正确检查粘贴质量 □⑯能正确清除遮蔽		50	未完成 1 项扣 5 分，扣分不得超 50 分	□熟练 □不熟练	□熟练 □不熟练	□合格 □不合格
3	工具及设备的使用能力	□①能正确选用车膜 □②能正确选用玻璃清洗工具 □③能正确使用遮蔽工具 □④能正确使用裁剪工具 □⑤能正确使用烘烤工具		10	未完成 1 项扣 5 分，扣分不得超 10 分	□熟练 □不熟练	□熟练 □不熟练	□合格 □不合格

序号	评分项	得分条件	分值	评分要求	自评	师评	企业评
4	资料、信息查询能力	□①能正确使用维修手册查询资料 □②能在规定时间内查询所需资料 □③能正确记录所查询资料章节页码 □④能正确记录所需维修信息	10	未完成1项扣5分，扣分不得超10分	□熟练 □不熟练	□熟练 □不熟练	□合格 □不合格
5	数据判断和分析能力	□①能判断贴膜有无气泡 □②能判断贴膜有无褶皱刮痕 □③能判断贴膜有无污点	10	未完成1项扣5分，扣分不得超10分	□熟练 □不熟练	□熟练 □不熟练	□合格 □不合格
6	表单填写及报告的撰写能力	□①字迹清晰 □②语句通顺 □③无错别字 □④无涂改 □⑤无抄袭	5	未完成1项扣1分，扣分不得超5分	□熟练 □不熟练	□熟练 □不熟练	□合格 □不合格

+ 思考总结

真不错！通过本任务的学习，相信你已经掌握了本节课的知识与技能，大家下面来思考并记录下如何能够吸引客户到店贴膜？

+ 拓展部分

1. 选用太阳膜

①隐秘性能，适合自己。选择太阳膜时，要根据个人对隐秘性的要求，选择不同颜色深度的太阳膜。一般情况下，颜色较浅的太阳膜透光率较高。

汽车侧窗贴膜

②美观性能，适合汽车。选择太阳膜时，要根据汽车漆面颜色，选择不同色彩的太阳膜。一般情况下，车身颜色多为白色、黑色、红色、蓝色、灰色。浅色车身的汽车，尽量使用色彩鲜明的太阳膜，这类膜大多透明度较高，也不会影响隔热效果。

③贴膜效果，越浅越好。选择太阳膜的颜色深浅时，要将太阳膜放在车窗上，并把汽车门窗关好，不能在阳光下看太阳膜颜色的深浅，否则看到的颜色可能和实际颜色不一样。一般情况下，太阳膜的颜色从贴后效果来看，应该是越浅越好。

④根据经济条件选择车膜价位。选择太阳膜时，要根据自己的经济条件选择不同品质的太阳膜。一般情况下，好的太阳膜采用镍、钛、铬等金属经特殊工艺贴合处理而成，价位高，防爆性、夜视性和耐磨性都比较优良；普通太阳膜材料选用混合铝，价位较低，防爆能力相对较弱。

2. 鉴别太阳膜的质量

①清晰度。优质太阳膜的透光度可高达 90%，无论颜色深浅，在夜间都可以清晰地看见 6 m 以外的物品；如果使用劣质膜，在夜间看车外物品就会有雾蒙蒙的感觉。

②手感。优质太阳膜的手感厚实平滑；劣质太阳膜手感薄而脆，且容易起皱。

③颜色。优质太阳膜的颜料均匀融合在薄膜中，经久耐用，不易变色；劣质膜的颜色涂布在起粘合作用的粘合胶中，撕开车膜的内衬后用指甲轻轻一挂就会掉色。

④味道。优质太阳膜几乎闻不到任何味道；劣质太阳膜的胶层残留溶剂中苯的含量高，会散发异味。

②气泡。当撕开太阳膜的塑料内衬然后重新复合时，劣质太阳膜会起泡，而优质太阳膜复合后完好如初。

⑥保质期。正规厂家生产的太阳膜有较长的质量保证期，通常是 5 年。

任务二　车身贴膜

+ 任务描述

改色膜

　　顾客李先生提车之后，对单调的白色车身很不满意，他开车来到美车堂，咨询工作人员 A："有没有办法让车身的颜色丰富一些？"

　　工作人员 A 向他推荐了车身贴膜。在现场看过车身贴膜操作的李先生决定给自己的爱车贴上一层车膜，工作人员 A 马上拿出样品请他挑选。

+ 任务目标

知识要求：
①掌握汽车车身膜的定义与概述。

②识读汽车车身膜的品牌。

③掌握车身贴膜作业流程的相关知识。

④掌握贴膜工具使用的工作原理。

技能要求：

①能按照标准流程进行车身贴膜作业。

②能正确准备施工场地及器材。

③能熟练使用刮板、热风枪等工具。

素养要求：

①能够养成工作过程中 7S 现场管理。

②能够严格实施客户满意度工作要求。

+ 必备知识

一、汽车车身贴膜作用

动感时尚：体现爱车与众不同。

色彩随心：任意色彩，随意变换，质感随意组合，整车局部随意贴换。

养护便捷：只需日常洗车，无须做漆面美容。

保护车漆：防剐蹭，无须做漆面美容，封存原车漆面光。

想换就换：揭除后不残留胶质，不损伤原车车漆。

二、汽车车身贴膜产品特点

耐久性能优越：车身膜具有极好的户外耐久性，优级产品可使用 3~5 年，特级产品可使用 7~9 年，无脱胶、不褪色、不起翘、无脆裂。

优异背胶粘性：40 min 内可反复粘贴便于多次施工定位，24 h 固化后，具备永久性、可移除性、高遮蔽性等特点；施工揭除后无胶质残留。

单张平整度好：展开后平整度极佳，不易产生折痕，便于施工。

良好延展韧性：拉伸强度好，可完美包括车身曲折及弧度表面。

尺寸稳定性强：固定后不再产生伸缩。

整膜覆盖性好：超宽幅宽度达 1.524 m，保证整膜覆盖，无须拼接。

高效滤光性能：隔绝辐射，降低紫外线、高温对原车车漆的损伤。

抗腐蚀能力强：耐化学物质腐蚀，酸雨、虫尸、鸟粪、树脂等的侵蚀。

遮蔽性能优异：可完全遮蔽原车车漆颜色，展现车身膜本身亮丽色彩。

划痕自我修复：对膜表层产生的细微划痕，可通过施工工艺处理即可自动弥合。

耐候性能卓越：在高温、严寒、风沙及海风地带等地区均有良好耐候性，可始终保持鲜亮，持久晶莹。

惰性阻温阻燃：–40~90 ℃温差适应性，惰性隔热，有效阻隔日晒高温，降低自燃危害。

三、汽车车身膜品牌

1. 国产车身膜品牌

（1）智博士

智博士是一个新兴的国产车身膜品牌，核心技术由中国科学院高分子团队联合多家研究机构共同研发，拥有多项专利技术。智博士自研的纳米涂层，在抗刮、耐磨、耐污、划痕修复等方面均有不错表现。目前在售的有金刚盾、全能王、仿生王、哑光版 4 款型号。

（2）膜小二

膜小二投入巨资引进先进的 TPU 薄膜流延线和智能化的生产线，打造了国内首家全产链工厂。在技术方面，膜小二建立了 TPU 材料研发中心，引进科研人才，自研纳米制膜工艺，已经达到国际领先水平。

（3）龙顿

上海龙顿（LONDUM）集团专注汽车用品研发、制造，拥有国际先进的生产车间和管理体系，建立多个技术研发、测试实验室，可以在极端条件下测试车衣的性能。龙顿拥有专业的技术团队，突破技术封锁，打破技术壁垒，自主研发技术取得突破。生产设备来自全球顶级的设备厂商，原材料全球采购，与国际品牌在材料和设备上无差别，甚至更优，核心材料采用 TPU 高级别的脂肪族粒子。龙顿车身膜的厚度高于同类产品，具有更强的硬度和韧性，抗剐蹭能力更强。

（4）冰阳

冰阳（SUNICE）是上海鸿湖实业有限公司旗下汽车膜品牌，总部位于上海市青浦区，该公司主要生产隐形车衣、汽车隔热膜、汽车改色膜、汽车投影膜、建筑隔热膜、家具贴膜等产品。

（5）龙甲

龙甲（LOONGJIA）是北京中尚至信科技有限公司旗下汽车膜品牌，该公司主要从事高性能防爆隔热膜、漆面保护膜产品的生产与销售，产品通过了 SGS 检测认证和欧洲 RoHS 认证。龙甲车身膜采用进口光学基材，自研自修复涂层，耐高温、抗氧化，轻微剐蹭自动修复。

（6）保镖

保镖（BOP）是国内知名隐形车衣品牌，拥有独立研发中心和专业研发团队，拥有国际领先的生产线。该公司与全球多所大学实验室合作，不断在技术上取得突破。

隐形车衣

（7）航天云膜

航天云膜是中国航天集团旗下品牌，主要生产汽车隔热膜、隐形车衣、建筑膜等产品。借助中国航天强大的技术优势，航天云膜在技术层面提升很快，拥有常州和西安两大生产基地。

2. 国外车身膜品牌

（1）3M 汽车膜品牌

3M 公司素以勇于创新、产品繁多著称于世，在其百多年历史中开发了 6 万多种高品质产品。百年来，3M 的产品已深入人们的生活，从家庭用品到医疗用品，从运输、建筑到商业、教育和电子、通信等各个领域。

（2）威固汽车膜品牌

威固隔热产品不同于其他产品，自品牌诞生以来即立足于隔热膜高端市场，并结合市场的实际情况开发出一系列产品，囊括高端、中端市场，成为世界汽车隔热膜市场最具竞争力的品牌之一。

（3）龙膜汽车膜品牌

CPFilms 公司在行业中运用最全面的窗膜质保体系支持其 LLumar 龙膜产品。LLumar 龙膜一旦经授权的经销商安装后可获得多达十年的质量保证，保证无裂纹、无破裂、不剥落、不起皮、不从玻璃表面脱落。

（4）强生汽车膜品牌

享誉世界的美国强生玻璃贴膜，自 1997 年由国家政府部门正式组织直接引入中国，就以其非凡的品质迅速赢得了广泛的用户，树立了世界名牌的形象，其销量连年攀升。

（5）FSK 汽车膜品牌

日本 FSK 公司以太空科技技术、独特粘附技术，生产超透明、高隔热防爆膜，商品通过 JIS 标准（Japanese Industrial Standards，日本工业标准），有优良的施工性，上等色泽材料，使亮丽、鲜艳的光彩溶入玻璃中，提升高度舒适感与安全性的驾驶空间。

+ 作业准备

主要实训器材见表 4-3。

表 4-3　主要实训器材

实训器材	用途及要求
热风枪	用于烤膜
卷尺	测量每一个需要装贴部位的尺寸
美工刀	裁膜
30° 美工刀片	裁膜、修边角
改色膜专用刮板	贴膜的时候把膜刮平整
排气笔	用于排放有些没刮到的部位
柏油沥青清洁剂	清除车上残胶和车上的沥青
助沾剂	有些幅度大的地方需要助沾剂
美容泥	清除漆面的污渍、飞漆等

+ 实训操作

任务环节	工作内容	图片
1. 接车	①车辆引导员或洗车机操作员负责车辆引导工作，引导手势要求统一规范	
	②客户下车时，伸手做护头礼；待顾客下车后用规范的手势引导顾客进入休息区；使用规范语"请您里面坐！"	
	③客户确认交车后，要礼貌提示客户交接车辆钥匙，并提示："请保管好您的贵重物品！"	
2. 验车	①车辆外部检查，主要检查漆面及玻璃表面的划痕、破损等	
	②车辆内部检查，主要针对车内仪表，座椅等各部位的情况进行核对	
	③车辆检查完成后一定要开出车辆施工单，给予客户确定签字	

任务环节	工作内容	图片
3. 汽车清洗	把整车外部、内部全面清洗干净，然后用美容泥把漆面的污渍磨干净	
4. 拆除 LOGO 等部件	①拆掉车辆 LOGO	
	②拆掉顶部装饰条、后视镜外壳、门把手等部分装饰件	
	③拆掉尾灯	
5. 深度清洁	把拆卸后留下的残胶、缝隙里的污渍都清理干净	

续表

任务环节	工作内容	图片
6. 测量尺寸	使用钢尺测量出每个需要装贴膜的部位的尺寸，并做好记录	
7. 裁膜	根据测量的尺寸，计划一下怎样裁膜更省料，避免一卷膜不够贴一台车	
8. 准备贴膜	①把要贴膜的部位的边角用酒精清洗干净	
	②用干毛巾把要贴膜的部位擦拭干净	
9. 上膜定位	①把膜撕开一半，如果贴大面积的需要两个人一起操作	
	②把需要贴的部位对整齐，避免贴上后某一个部位不够，对整齐后先把中间贴上去，定住位子	

任务环节	工作内容	图片
10. 膜面刮腹	从中间往两边刮，或者从中间往外面以每刮板 2 ~ 5 cm 的距离慢慢刮，要保证每个部位都刮到，以免留空气在中间，这部分刮平整后撕掉另外一半以同样的方式刮平整	
11. 粗略裁切	待整个膜面都贴平整后把多余的膜裁掉，根据不同的部位预留 1 ~ 2 cm	
12. 收边	①用热风枪先把膜的边烤软，再把边的棱角做好，避免棱角残留气泡 ②棱角做好后再把边塞进边缝里边	
13. 精细裁切	把边收进去后把多余的膜裁掉，让整个边看起来平整。按照以上流程把车顶、引擎盖、前杠、后杠、后翼子板、车门、前翼子板车把手等部位贴完后，用热风枪对全车边角再次加热，检查是否有边没收好的情况	

续表

任务环节	工作内容	图片
14. 还原	把拆卸下来的零件和 LOGO 装回去	
15. 表面清洁	把全车用毛巾擦拭干净，注意不能用水洗	
16. 整车验收	整车再次检查，确认无误后通知车主来验收	
17. 交车	欢送客户	

+ 考核评分

实训名称：车身贴膜			实习日期：		
姓名：	班级：		学号：		导师签字：
自评：	师评：		企业评：		

序号	评分项	得分条件	分值	评分要求	自评	师评	企业评
1	安全、7S、态度	□①能进行工位 7S 操作 □②能进行设备和工具的安全检查 □③能进行车辆安全防护操作 □④能进行工具清洁、校准、存放操作 □⑤能进行三不落地操作	10	未完成 1 项扣 2 分，扣分不得超 10 分	□熟练 □不熟练	□熟练 □不熟练	□合格 □不合格

序号	评分项	得分条件	分值	评分要求	自评	师评	企业评
2	专业技能能力	□①能正确进行车辆检查 □②能正确清洗车身、缝隙 □③能正确测量尺寸 □④能正确裁膜 □⑤能正确定型 □⑥能正确烤膜 □⑦能正确收边 □⑧能正确贴膜	50	未完成1项扣5分，扣分不得超50分	□熟练 □不熟练	□熟练 □不熟练	□合格 □不合格
3	工具及设备的使用能力	□①能正确使用烤枪 □②能正确使用各种刮板 □③能正确选用工具	20	未完成1项扣5分，扣分不得超20分	□熟练 □不熟练	□熟练 □不熟练	□合格 □不合格
4	数据判断和分析能力	□①能判断表面、缝隙是否清洗干净 □②能判断是否定型到位 □③能判断收边是否贴到位 □④能判断是否有砂砾 □⑤能判断是否有漏光	20	未完成1项扣5分，扣分不得超20分	□熟练 □不熟练	□熟练 □不熟练	□合格 □不合格

模块五　汽车改装与加装服务

　　汽车改装服务是汽车美容项目的重点组成，简单来说就是改变汽车的外表和内部大包围部位（汽车车身外部扰流器）。它的主要作用是：减低汽车行驶时所产生的逆向气流，同时增加汽车的下压力；使汽车行驶时更加平稳，从而减少耗油量。汽车改装材料的选择及其操作方法都是汽车改装的重要注意事项。

　　通过学习本模块的任务内容可完成"1+X"汽车美容装饰与加装服务技术—初级—强化项目—全车大包围模块考核。

任务一　汽车改装

+ 任务描述

车主李先生是个"00"后，他在很短的时间内考取了驾照、购买了新车。为了让自己的新车更加酷炫，他想对汽车进行改装。他来到美车堂，向工作人员详细说明了自己的设想。

工作人员听完李先生的话后，先是对李先生的设想给予肯定，然后向他说明了汽车改装的法律法规，建议李先生只进行车身改装。

李先生虽然没有实现自己的愿望，但是对工作人员专业的解释表示认同，同意按照工作人员的建设进行汽车改装。

+ 任务目标

知识要求：
①掌握正确引导客户车辆进入工位的流程。
②掌握大包围材料的认识，配件作用、工具选用等相关知识。
③掌握汽车大包围改装作业流程的相关知识。

技能要求：
①能正确引导车辆进入工位。
②能熟练认识大包围材料、配件安装位置、选用工具等。
③能按照标准流程进行大包围改装作业。

素养要求：
①严格执行工艺流程，质量意识强。
②严格执行国家环境保护法规定，增强环保意识。
③与所有同事保持良好合作关系。
④感受客户对服务满意度的需求。

+ 必备知识

一、大包围

1. 车身大包围装饰的特点

车身大包围装饰是随着汽车文化的发展而诞生的。随着人们生活水平的提高，对汽车的认识和需求也不断提高，对汽车的装饰、包装会更加讲究，追求时尚，讲究个性。

车身大包围装饰件的制造特点是小批量、多品种。这是人们讲究个性、追求时尚的结果，它使汽车装饰呈现出多样化。

大包围件在制作时，使用的材料主要是塑料和金属。塑料中以玻璃钢材料居多，有的采用新型碳纤维材料和铝碳合金复合来制作，再采用蜂巢式铸造工艺相互配合制成。还有的采用铝合金、不锈钢等材质制作，各有其特性。

2. 大包围安装工艺分类

大包围基本分为改装前后杠（泵把款）（图5-1）和加装（唇款）（图5-2）两大类。其中，改装前后杠（泵把）款类的包围就是将原来的前后杠整个拆下，然后装上另一款非原装前后杠（泵把）；而加装（唇款）类的包围则是在原来的保险杠上加上半截的下唇，此款包围的质量与安装技术要求极高。

图 5-1　大包围（前后杠款）　　　　图 5-2　大包围（唇款）

3. 大包围件材料种类

（1）树脂纤维

树脂纤维又称玻璃钢，是最原始的汽车包围材料，此类的产品价格较为便宜，款式较多，为众多车主的首选（图5-3）。若要选购这一产品，要注意：①韧性要好，有抗扭的能力；②耐热不变形；③表面要平滑、重量要轻；④与车身密合度要高。因为是全手工作业，所以就算模具非常好，吻合度也会因人手原因有区别。因这种材质的包围是"纤维布 + 树脂（液体）"，所以不免会出现波浪纹。

优点：硬，碰坏的话能修复。

缺点：脆，容易局部损坏。

（2）PU

由于PU产品是在低温下注塑成形的，所以具有极高的柔韧性与强度，同时也具有极佳的车身密合度，使用期也较长，是三种材料之中最好的一种（图5-4）。PU是两种液体混合凝固出来的产品，所以平整度非常好。

优点：平整度和吻合度好，小碰撞有可能不会损坏。

缺点：太软，放久了或温度高时容易变形。

图 5-3　树脂纤维材质大包围　　　　图 5-4　PU材质大包围

（3）PP+PE

PP+PE是原厂大包围的材质，其吻合度、平整度与PU材质的大包围一样（图5-5）。

优点：相对PU要硬一点。

缺点：软，放久了会变形，但没有PU严重，撞坏了不能修复，只能换新的。

（4）ABS

ABS产品是以真空吸塑成形的，所以厚度较薄、韧性一般（图5-6）。但它是以后汽车包围产品的发展趋势，其吻合度、平整度与PU、PP+PE一样。

优点：产品成本相对较低，但开模具的费用异常高。当接触200 ℃以上物品时会出现变形现象。

缺点：相对较PP+PE硬，所以要在产品里添加适量的PP材料，达到最好的平衡性。此款材料在现代汽车的改装配件中使用广泛。

图5-5　PP+PE材质大包围

图5-6　ABS材质大包围

4. 注意事项

①应选用高质量的产品。大包围安装在车上，也就与车成为一个整体，日常的磕碰在所难免，如果包围材质脆弱，刚性过大，很容易碎裂，那样不仅增加更换成本，也平添了不少麻烦。

②最好不要选用需要拆掉原车保险杠才能安装的大包围产品。因为包围所用的材料抗撞击能力较差，所以选用将原杠包裹其中的大包围不会影响车辆的牢固性。但如果一定要选用拆杠包围，可将原杠中的缓冲区移植到玻璃钢包围中，以起到保护作用。

③加装大包围应该到有资质、有经验的改装店去，因为这种改装店有加装各种包围的技术能力，且有些商家可以免费为车主修复不慎碰坏的包围，有较好的售后服务。

二、大包围的改装

1. 选择大包围装饰件

（1）按车型选择

目前装饰件生产厂家生产的大包围装饰件，基本上是以特定的车型为基准来设计制作的。在制作中，又根据制作的材质和工艺分为标准型、豪华型；在为车型配套时，还要考虑车身的颜色，有多种类型和色泽可供选择。

（2）选择大包围装饰件的标准

选择大包围总成件的标准主要是装饰后协调、平衡，外形美观大方，前后包围和侧包围融为一体，效果赏心悦目等。

2.安装大包围

大包围由前包围、侧包围和后包围组成。

（1）安装前包围

①对安装前包围的部位进行擦拭,去除污垢,使装饰部位清洁、干燥,做好安装准备。

②准备好安装工具和材料。准备好常用的安装工具：手电钻、锤子、旋具、扳手、钳子等，准备好大包围总成的各种零件，按安装说明书要求做好相应准备。

③按前包围安装位置的要求，在车的前段钻好安装孔，并去掉孔边周围的毛刺。

④将前包围从保险杠下部插入，对准安装孔，用螺钉从侧面固定拧紧。

（2）安装侧包围

侧包围分左、右两部分，安装方法同前包围基本一致。

①清洗安装部位，准备好安装用的工具和材料，做好安装前的一切准备工作。

②把车门打开，将左侧围的包围件放在安装位置，钻好安装孔，并用螺钉固定好。右侧包围件的安装方法与左侧围的一样。一般而言，左、右侧围是对称的，包围件也是对称的。

（3）安装后包围

后包围件的安装方法与前包围一样，但后包围件上有一个消声器的排气口，制作时应将排气口变大，显得更漂亮。

+ 作业准备

主要实训器材见表5-1。

表5-1　主要实训器材

实训器材	用途
加热枪	加热
电钻	钻孔
外观保护设备	保护车辆外观

检查实训器材工作使用情况，穿戴防护工具。

+ 实训操作

任务环节	工作内容	图片
1.清洗外观	按外观精洗操作步骤，对车辆外观进行清洗	

任务环节	工作内容	图片
2.防护设施安装	①根据施工位置安装对应的防护设施，如改装机舱盖时，需要前挡风玻璃保护垫、翼子板布	
	②安装车轮挡块	
3.前（后）大包围加装	①使用工具把原车前保险杠拆除	
	②试装改装前保险杠，检查每个固定处螺栓位置是否准确，检查缝隙左右是否一致	
	③取下改装前大包围的放置保护设备后，根据试装位置情况，对大包围进行适量的修改	
	④安装前后大包围，使用工具进行固定	

+ 学习任务

1.简答题

（1）简单叙述汽车改装的知识、技能、素养的要求（关键字）。

_____

_____

（2）写出加装大包围所需的工具设备。

_____

_____

2.填空题

（1）大包围安装工作前应完成_____、_____检查、_____用电安全检查。

（2）大包围安装工艺分为_____、_____。

（3）安装大包围的优势有_____和_____、

_____。

（4）常用防护工具有_____、_____、

_____。

+ 考核评分

实训名称：大包围的加装			实习日期：			
姓名：	班级：		学号：		导师签字：	
自评：	师评：		企业评：			

序号	评分项	得分条件	分值	评分要求	自评	师评	企业评
1	安全、7S、态度	□①能进行工位 7S 操作 □②能进行设备和工具的安全检查 □③能进行车辆安全防护操作 □④能进行工具清洁、校准、存放操作 □⑤能进行三不落地操作	10	未完成 1 项扣 2 分，扣分不得超 10 分	□熟练 □不熟练	□熟练 □不熟练	□合格 □不合格
2	专业技能能力	□①能正确使用工具 □②能正确调整大包围 □③能正确微改大包围 □④能正确保护大包围 □⑤能正确分清大包围类型	50	未完成 1 项扣 5 分，扣分不得超 50 分	□熟练 □不熟练	□熟练 □不熟练	□合格 □不合格
3	工具及设备的使用能力	□能准确指出设备存在的隐患	20	未完成 1 项扣 5 分，扣分不得超 20 分	□熟练 □不熟练	□熟练 □不熟练	□合格 □不合格
4	数据判断和分析能力	□①能判断车身漆面是否被损害 □②能判断大包围是否安装正确 □③能判断尾翼是否安装正确	20	未完成 1 项扣 5 分，扣分不得超 20 分	□熟练 □不熟练	□熟练 □不熟练	□合格 □不合格

+ 思考总结

你真棒！掌握本节课的知识与技能后，你再思考一下改装店还能增加什么服务内容，从而让客户愿意办理会员和主动消费呢？

+ 拓展部分

怎样为自己的汽车选择合适的大包围

汽车改大包围基本分为泵把款和唇款两大类，其中泵把款类包围就是将原车的前后杠整体拆下，然后再装上全新的泵把款的大包围；而唇款类包围则是在原来的保险杠上加上半截下唇，此款包围对质量与安装技术要求极高。

那么怎样为自己的汽车选择合适的大包围呢？

国内大包围套件的材料主要有 ABS 塑料、PU 塑料、树脂纤维材料等。ABS 塑料厚度较薄，韧性也一般；PU 塑料有极高的柔韧性与强度，与车身的密合度最佳，寿命也较长；树脂纤维材料价格较低，款式较多。在选择材料时要注意：一是韧性要好，要有抗扭能力；二是耐热不变形；三是表面要平滑，重量要轻；四是与车身密合度要高。

加装大包围时还要注意以下因素：

①要选用高质量产品。大包围安装在车上，和汽车成为一个整体，日常的磕碰在所难免，如果大包围材质脆弱，或是刚性过大，就很容易碎裂，这样不仅增加了更换成本，也增添了不少麻烦。

②如果大包围所用的材料抗撞击能力较差，那么选用将原汽车杠包裹其中的大包围产品则不会影响车辆的牢固性，如要选用泵把款大包围，则可将原汽车保险杠中的缓冲区移植到新的大包围中以起到保护作用。

③加装大包围时应该到具有资质的汽车改装店，因为这些汽车改装店不仅操作水平高，而且会免费为车主修复不慎碰坏的大包围，令车主不必为一点小损伤而烦恼。

任务二　汽车灯光加装

+ 任务描述

张先生反映汽车的夜间行车灯光不好，因其他汽车的行车灯光很强，会车时有安全隐患。那么这个问题应怎么解决呢？

王先生想把自己的爱车内容装饰得更有氛围一些，应怎么解决这个问题呢？

+ 任务目标

知识要求：
①掌握车辆防护知识。
②掌握车辆电瓶断电操作流程。
③掌握常用维修工具使用知识。
④熟悉电气电路基本原理。
技能要求：
①能熟练测量线束。
②能熟练拆装车灯、内饰板等部位。
③能按照标准流程进行作业。
素养要求：
①严格执行工艺流程，质量意识强。
②与所有同事保持良好合作关系。
③感受客户对服务满意度的需求。

+ 必备知识

一、汽车试灯

汽车试灯通常分为二极管试灯和普通灯泡试灯两种。试灯使用简单、方便且直观，所以在汽车检测中应用广泛。注意在检测与汽车电控单元相连的线路时不能使用普通灯泡制作的试灯，只能使用由发光二极管制作的试灯，否则会损伤汽车电子元件。

利用试灯可以检测线路是否带电。试灯的一端连接电瓶负极或者接地，另一端与被测部位连接，若试灯亮，说明线路有电，否则说明电路没电。

利用试灯可以检测一条线路是否存在断路。若用试灯检测电器电源电路中某一点有电但在电路的下一检测点没电时，则说明该段线路存在断路。

利用试灯可以检测信号线路中是否有信号存在。如点火信号、霍尔式凸轮轴位置传感器等信号电路在用二极管试灯检测时，试灯应有规律地闪烁，否则说明线路或者相关部件故障。

二、掌握汽车线束的测量方法

1.汽车线束

为了使全车线路规整、安装方便及保护导线的绝缘，汽车上的全车线路除高压线、蓄电池和收放机天线的电缆外，一般都将同区域不同规格的导线用棉纱或薄聚氯乙烯带缠绕包扎成束，称为线束。汽车的线束一般分为发动机线束、仪表线束、车身线束等。

2. 汽车线束的测量

汽车线束可能会出现短路、断路和接触不良。以下是一些常见问题的检测方法。

（1）线束 X 光检测

汽车线束 X 光检测图像上能够明显地看出线束内部焊点的工艺缺陷，如漏焊、锡渣等。这些缺陷可以直接导致线束的短路，造成产品质量问题。

（2）线束拉力检测

出现输电线断路故障时，可能是因为外部电缆绝缘层和输电线接线端子完好无损，但输电线内铜芯电缆与输电线接线端子已断路所导致的，所以可根据对断路的导电线与输电线接线端子做拉力测试来判断。在拉力测试过程中，如果输电线线缆绝缘层逐渐变细时，可确定该输电线已断路。

但是这种检测方法将破坏线路的外观。如果是内部断路情况，使用 X 光机检测更好。

（3）线束触碰检测

通常，当线束接触不良时，很可能是由于接插器出现问题。可以根据电气设备的开关电源来触摸或驱动电气设备的相关接插器。接插器连接后，电气设备突然工作正常或异常，表明接插器有故障，需要检测。

（4）线束试灯检测

某些线束中输电线的外部电缆绝缘层和输电线的连接端子完好无损，但是输电线中的铜芯电缆和输电线的连接端子已断开，也会导致故障。两端的线束连接器可用电度表或测试灯检测电路的短路故障。

X 光无损检测的重要性是质量和工艺的检查，而电路测试是线束性能的检查。两者都是必不可少的。

三、汽车灯光知识

汽车照明系统是汽车安全行驶的必备系统之一。它主要包括外部照明灯具、内部照明灯具、外部信号灯具、内部信号灯具等。

汽车灯具按照功能功用划分，主要有两个种类：汽车照明灯和汽车信号灯。汽车照明灯按照其安装的位置及功用包括前照灯、雾灯、牌照灯、仪表灯、顶灯、工作灯等。汽车灯光信号灯包括转向信号灯、危险报警灯、示宽灯、尾灯、制动灯、倒车灯等。

前照灯，又称前大灯，装于汽车头部两侧，用于夜间行车道路的照明，有两灯制和四灯制之分。每辆车安装 2 只或 4 只，装于外侧的一对应为近、远光双光束灯，装于内侧的一对应为远光单光束灯。

前照灯灯光光色为白色，灯泡功率远光灯为 45~60 W，近光灯为 25~55 W。要求前照灯应能保证提供车前 100 m 以上路面明亮、均匀的照明，并且不应对迎面来车的驾驶员造成眩目。随着车速的不断提高，汽车上前照灯的照明距离可达到 200~300 m。

雾灯安装于汽车的前部和后部。前雾灯安装在前照灯附近，一般比前照灯的位置稍低，因为雾天能见度低，驾驶员视线受到限制。红色和黄色是穿透力最强的颜色，前雾灯灯光光色为黄色，后雾灯灯光光色为红色，以警示尾随车辆保持安全距离，前后灯泡功率一般为 20~30 W。

+ 作业准备

主要实训器材见表 5-2。

表 5-2　主要实训材料

实训器材	用途
保护套	保护汽车外观
螺丝刀	拧转螺丝
扎带	固定线路等
试灯	检查电路

检查车辆是否停好，电源是否断开，发动机舱是否冷却。

+ 实训操作

任务环节	工作内容	图片
1.前大灯(氙气灯) LED 灯加装	①安装前应关闭发动机并切断电源。如果汽车刚熄火，有必要等车辆冷却。打开发动机盖，在两侧车灯的位置看到有两个防尘盖，一个是远光灯，另一个是近光灯。安装前要注意所换车灯的位置	
	②拔掉插头，按下原车弹簧（这个弹簧就是固定灯泡位置的）	
	③按下弹簧后，就可以很轻松地把原车灯泡取出来，更换车灯过程中，避免触碰 LED 上的灯珠。因为人手上的灰尘和温度容易导致车灯的寿命变短	

任务环节	工作内容	图片
1.前大灯(氙气灯)LED 灯加装	④把 LED 车灯上的卡盘分离出来卡在相应的位置上（注意卡盘上有一个小缺口，对好即可）；再压紧弹簧压片，固定卡盘；然后把车灯插入卡盘里面，此时要注意卡盘与车灯上的小缺口应对齐	
	⑤将 LED 车灯插进去后，需要旋转调节灯珠为左右朝向，也就是垂直安装。在车灯插进去后，可根据实际需要自由旋转来调节光型	
	⑥新款的 LED 车灯插头是不分正负极的，只要把插头接上放进灯罩内即可。由于 LED 大灯是驱动内置的，因此不需要安装外置驱动。随后把另一边的车灯也换上即可	
2.内饰氛围灯加装	①确定安装位置，通常可以安装在汽车的方向盘、中控、脚下、杯架、车顶、迎宾踏板、车门、后备厢等位置	
	②拆下车门内衬板及要装灯带地方的面板	
	③装好灯带及灯管	

续表

任务环节	工作内容	图片
2.内饰氛围灯加装	④接线。有专用线束的用专用线束，没有专用线束的需自己动手接线，最好采用焊接	
	⑤走线。将线束从车门连接线处走到车内保险盒的地方，还原拆下的地方	
	⑥用试灯找到 ACC 电源线，并将其和负极接线的地方进行并接	

+ 学习任务

1.简单叙述汽车灯光加装的知识、技能、素养的要求。

_____

_____

2.作业前准备

（1）请写出拆装过程中要用到的工具。

（2）施工前检查车辆是否停好，_____是否断开，_____是否处于冷却状态。

3.汽车灯光加装

（1）简单叙述 ACC 线束的测量方法。

（2）LED 灯的工作电压为_____，施工过程中不能触碰的有_____。

+ 考核评分

实训名称：汽车灯光加装				实习日期：			
姓名：	班级：			学号：		导师签字：	
自评：	师评：			企业评：			

序号	评分项	得分条件	分值	评分要求	自评	师评	企业评
1	安全、7S、态度	□①能进行工位 7S 操作 □②能进行设备和工具的安全检查 □③能进行车辆安全防护操作 □④能进行工具清洁、校准、存放操作 □⑤能进行三不落地操作	10	未完成 1 项扣 2 分，扣分不得超 10 分	□熟练 □不熟练	□熟练 □不熟练	□合格 □不合格
2	专业技能能力	□①能正确断开大灯插头 □②能正确拆装大灯总成及灯泡 □③能正确安装氙气灯 □④能正确安装氙气灯的变压安定器 □⑤能正确检测及改装安定器及大灯的线路 □⑥能正确布线且线束不外漏 □⑦能正确调整氙气灯的聚焦	50	未完成 1 项扣 5 分，扣分不得超 50 分	□熟练 □不熟练	□熟练 □不熟练	□合格 □不合格
3	工具及设备的使用能力	□①能正确使用压线钳 □②能正确使用剥线钳 □③能正确使用多功能万用表 □④能正确使用维修工具	20	未完成 1 项扣 5 分，扣分不得超 20 分	□熟练 □不熟练	□熟练 □不熟练	□合格 □不合格
4	数据判断和分析能力	□ 能判断氙气大灯是否调试正常	20	未完成 1 项扣 5 分，扣分不得超 20 分	□熟练 □不熟练	□熟练 □不熟练	□合格 □不合格

+ 思考总结

你真棒！掌握本章节知识与技能后，请思考汽车还有哪些地方可以增加灯光呢？

+ 拓展部分

1. 车内安装氛围灯的作用

氛围灯可以提高夜间行车的安全性；可以舒缓驾驶员的疲劳感，放松心情；让车内装饰更有科技感，营造轻松愉悦的氛围；不同的展现形式可以提升品牌的辨识度，彰显其个性。

2. 汽车上各种灯的作用

前大灯的主要作用是汽车在夜间行驶时可以照亮车前的道路，可以使驾驶员清楚地看清前方的路况。一般城市道理使用近光灯就可以了，高速公路上夜间行驶可以打开远光灯。但是在车辆会车时，必须关闭远光灯，打开近光灯。

转向灯的作用就是在车辆转弯时，给其他车辆一个提示信号。

示宽灯也称为小灯，用来在夜间显示车身宽度和长度的。

雾灯主要的作用是在雾天可以增加车辆的照明距离和亮度。

倒车灯在车辆挂入倒挡时就会点亮，提醒行人和其他的驾驶员车辆准备倒车了。

任务三　汽车安全设备加装

+ 任务描述

刘女士刚拿到驾照不久，驾驶技术还不是很熟练，停车时常常估计不准距离，爱车时常被刮，心痛的同时也给刘女士造成了很多困惑。有什么办法能解决这个问题呢？

+ 任务目标

知识要求：
①掌握车辆防护知识。
②掌握摄像头安装步骤及注意事项。
③掌握信号线正确连接步骤。

④掌握摄像头的调校方法。

⑤掌握全景模式的校正方法。

技能要求：

①能正确对车辆进行合理防护。

②能在合理位置按照正确步骤安装前后左右的摄像头。

③能按照正确步骤安装显示屏及摄像头连接线。

④能正确利用卷尺和标定布条确定各个车载摄像头的安装位置，并进行调校。

⑤能按照正确步骤进入全景调校模式校正全景。

素养要求：

①严格执行工艺流程，质量意识强。

②与所有同事保持良好合作关系。

③感受客户对服务满意度的需求。

+ 必备知识

一、汽车中控面板

汽车中控面板（简称"汽车中控"）是控制汽车空调、音响等舒适娱乐装置的地方。汽车中控包括中央控制门锁系统，驾驶员可以通过汽车中控控制整车车门开关及玻璃升降系统。

中央控制门锁系统主要有中央控制、速度控制、单独控制三个功能。驾驶员可以控制所有门锁开关，同时，行车达到一定速度时，车门自动上锁。其他车门有独立的开关，可单独控制自己的车门。

汽车中控还包括中央控制台，有音响控制面板等各种车辆控制器。

二、汽车车载导航

近年来，汽车导航系统的发展非常迅速。人们不但可以在购买新车时选择导航系统作为选择配置，还可以在已有的汽车上安装该设备，甚至可以配置一台移动式的卫星导航系统，随时随地知晓自己的确切位置。

1. 车载导航的分类

（1）按车型的导航分类

①专车专用型DVD导航，一个机器专配一款车型（多数需拆除原车CD机等设备）。

②通用型导航，可改装各种车型。

③分体机导航，专车专用导航细分产品，不拆除原车CD机等零部件，升级为DVD导航产品。

（2）按使用功能的导航分类

①传统手写导航，如图5-7所示。

②声控导航，如图5-8所示。声控导航又有真人秘书服务声控导航和人机对话声

控导航两种。

图 5-7　传统手写导航　　　　图 5-8　声控导航

2. 车载导航的结构及功能

（1）车载导航系统的组成部分

车载导航系统的组成部分包括：①能够导航的电子地图；②地图数据的搜索和处理；③定位模块；④地图配比；⑤规定行走路径；⑥路径引导；⑦地图实时显示模块；⑧人机交互接口；⑨无线通信。

（2）车载导航系统的功能

①GPS 导航：卫星准确定位、最佳路径搜索、自动语音提示等。

②导航模式：可输入多个目的地，5 种以上路径检索定制模式、站点设置模式、地图定位模式等。

③全国地图：提供全国数千城市的电子地图并自动更新，导航更精确。

④路径规划：提供出发地和目的地的路径规划，设置经由地和回避地功能。

⑤语音提示：亲切真人语音提示，行驶中自动播报道路名称。

⑥音乐欣赏：视听享受，解除旅途疲劳。

⑦文件管理：强大的资源管理功能。

3. 车载导航的选购

在目前汽车电子产品中，车载 DVD 导航所占比例越来越大，将近 40% 的新车车主都有安装车载 DVD 导航需求。因此，各种 DVD 导航产品大量涌现。在选购车载 DVD 导航产品时，要重点注意以下三个细节。

①音质。DVD 是用来播放音乐的，因此音质好坏非常重要。选购 DVD 之前一定要问清楚这台 DVD 机的前量输出，或者把其与其他 DVD 机进行音质对比。

②图像和 DVD 机配量。DVD 屏幕有模拟屏和数字高清屏两种。模拟屏的像素一般是 240 pix × 240 pix 或 480 pix × 240 pix，而高清屏一般都是 800 pix × 480 pix 或更高。另外，好的 DVD 都是采用双光驱配量，即 DVD、CD 两种光驱。

③导航的准确性和使用便捷。好的 DVD 厂家都会套用比较好的导航板和正版的地图卡；较差的 DVD 导航容易在导航的过程中死机，准确性也比较差。

三、倒车雷达

1. 倒车雷达的结构

倒车雷达全称为"倒车防撞雷达"，也称"泊车辅助装置"，它由超声波探头、控制器、显示器和蜂鸣器组成，如图5-9所示。雷达是根据蝙蝠在黑夜里高速飞行而不会与任何障碍物相撞的原理设计开发的。倒车雷达是汽车驻车或者倒车时的安全辅助装置，能以声音或者更为直观的图像告知驾驶人周围障碍物的情况，解除驾驶人泊车和启动车辆时前后左右探视的麻烦，并帮助驾驶人扫除了视野死角和视线模糊的缺陷，提高驾驶的安全性。

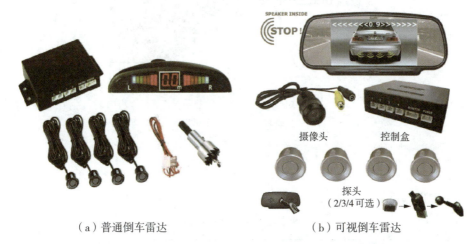

（a）普通倒车雷达　　　　　　　　　　　（b）可视倒车雷达

图5-9　倒车雷达

探头装在后保险杠上，根据不同价格和品牌，探头有2个、3个、4个、6个、8个等几种，主要于前后保险杠上安装，如图5-10所示。探头能够以最大水平120°、垂直70°范围辐射，上下左右搜寻目标。它最大的好处是能探索到那些低于保险杠而司机从后窗难以看见的障碍物，并报警，如花坛、路肩、蹲在车后玩耍的小孩等。

图5-10　探头安装的位置

2.倒车雷达的工作原理

挡位杆挂入倒挡时，倒车雷达自动开始工作，如图5-11所示。倒车雷达利用超声波原理，由装置在车尾保险杠上的探头发送超声波撞击障碍物后反射此声波，控制器计算出车体与障碍物间的实际距离，然后蜂鸣器发出警示提示给司机，当车辆继续倒车时，警报声音的频率会逐渐加快，最后变为长鸣音，使停车或倒车更容易、更安全。

倒车雷达款式的选择不仅要考虑探头的大小，更应考虑安装后整车的效果。例如，对于一些后保险杠较宽的车型，较适合安装探头较薄较大的倒车雷达，安装后整车效果相当美观，且显得更加大气。

选择了合适的倒车雷达后，还要正确安装和使用才能发挥效果。安装位置的高低、角度及探头分布的距离，因车型的不同而有不同的要求。

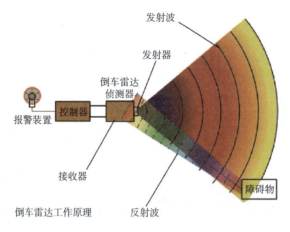

发射波
发射器
倒车雷达
侦测器
控制器
报警装置
接收器
倒车雷达工作原理   反射波
障碍物

图 5-11   雷达工作原理

+ 作业准备

主要实训器材见表 5-3。

表 5-3   主要实训器材

实训器材	用途
保护套	保护汽车外观
电钻、打孔钻头	打孔
电胶布	绝缘胶带
美工刀	裁剪
卷尺	测量
尖嘴钳	剪切线径较细的单股与多股线
毛巾	保护作用
扎带	固定线

检查车辆是否停好，汽车电源是否关闭，汽车漆面保护是否做好。

+ 实训操作

任务环节	工作内容	图片
1. 拆中控面板取下主机	①查看面板拆装部位，拆下中控面板	

任务环节	工作内容	图片
1. 拆中控面板取下主机	②拆下固定螺丝	
	③拔出主机，取下线束	
2. 拆后备厢内饰板	①查看螺丝固定部位	
	②拆下固定螺丝	
	③取下内饰板	
3. 排线		

任务环节	工作内容	图片
3.排线	摄像头的延长线要穿过后排座位，走到后备厢车尾牌照附近，中间露出来的线塞进门边框的胶条里面，多余的线束用扎带固定	
4.接线并装好拆下的零部件	①安装摄像头 ②将镜头的连接线接好	

任务环节	工作内容	图片
4.接线并装好拆下的零部件	③装好拆下的零部件，按"先拆的后装、后拆的先装"原则还原	

+ 学习任务

1.请简单叙述汽车安全设备加装的知识、技能、素养的要求。

_____

_____

2.作业前准备

（1）请写出拆装过程中要用的工具。

（2）施工前检查车辆是否停好，_____是否断开。

3.汽车安全设备加装

（1）简述后摄像头走线的过程。

（2）前摄像头穿过仪表后，经过_____、_____到达机舱，最终到达前牌照框。

（3）用卷尺测量出铺布的距离，用记号笔标注，最后复测一遍。离前保险杠_____，离后保险杠_____，离左右两边各_____。

+ 考核评分

实训名称：汽车安全设备加装			实习日期：			
姓名：	班级：		学号：		导师签字：	
自评：	师评：		企业评：			

序号	评分项	得分条件	分值	评分要求	自评	师评	企业评
1	安全、7S、态度	□①能进行工位 7S 操作 □②能进行设备和工具的安全检查 □③能进行车辆安全防护操作 □④能进行工具清洁、校准、存放操作 □⑤能进行三不落地操作	10	未完成1项扣2分，扣分不得超10分	□熟练 □不熟练	□熟练 □不熟练	□合格 □不合格

续表

序号	评分项	得分条件	分值	评分要求	自评	师评	企业评
2	专业技能能力	□①能正确拆装换挡杆盖 □②能正确拆装仪表装饰条 □③能正确拆卸收音机 □④能正确连接360°全景显示屏插头 □⑤能正确安装360°全景显示屏 □⑥能正确检查显示屏按钮功能 □⑦能正确绘制检测线 □⑧能正确检查前进全景影像 □⑨能正确检查右转向全景影像 □⑩能正确检查左转向全景影像 □⑪能正确检查倒车全景影像 □⑫能正确调整摄像头角度	50	未完成1项扣5分，扣分不得超50分	□熟练 □不熟练	□熟练 □不熟练	□合格 □不合格
3	工具及设备的使用能力	□①能正确使用内饰撬板 □②能正确使用剥线钳 □③能正确使用多功能万用表 □④能正确使用维修工具	20	未完成1项扣5分，扣分不得超20分	□熟练 □不熟练	□熟练 □不熟练	□合格 □不合格
4	数据判断和分析能力	□①能判断按键功能是否正常 □②能判断影像功能是否正常	20	未完成1项扣5分，扣分不得超20分	□熟练 □不熟练	□熟练 □不熟练	□合格 □不合格

+ 思考总结

你真棒！掌握本章节知识与技能后，请思考还有哪些行驶安全辅助装置？它们的施工方法与倒车雷达的施工方法有什么不同？

+ 拓展部分

汽车保险杠的种类

1. 按材料不同分类

按保险杠所用材料不同，汽车保险杠可分为钢板保险杠、塑料保险杠、铝合金保险杠和镜刚保险杠。

（1）钢板保险杠

钢板保险杠由钢板冲压成U形槽钢，表面镀铬处理，与车架纵梁铆接或焊接在一起，与车身有一段较大的间隙。现在钢板保险杠主要用于载货汽车。

（2）塑料保险杠

塑料保险杠主要由塑料制成，如图5-12所示。塑料保险杠除了保持原有的保护功能外，还与车体造型和谐、统一，并使车身轻量化。这种保险杠的强度、刚度和装饰性都较好。从安全上看，汽车发生碰撞事故时，能起到缓冲作用，保护前后车体；从外观上看，可以很自然地与车体结合在一块，浑然成一体，具有很好的装饰性，成为装饰轿车外形的重要部件。

（3）铝合金保险杠

铝合金保险杠是由铝合金制成的管状保险杠，这种保险杠具有造型多、美观、气派等特点，主要用于越野汽车和小型面包车，如图5-13所示。

图 5-12　塑料保险杠

图 5-13　铝合金保险杠

（4）镜刚保险杠

镜刚保险杠由钢管制成，并经电镀处理，具有庄重、气派等特点，主要用于小型面包车。

2. 按安装位置不同分类

按安装位置不同，汽车保险杠可分为前保险杠、后保险杠和车门保险杠。

前保险杠和后保险杠一般比较常见，如图5-14和图5-15所示。汽车为什么要安装车门保险杠呢？汽车设计者从交通事故中发现，汽车发生侧面碰撞的事故比较多，尤其是路面湿滑或车速较快的情况下，造成汽车拦腰碰撞的可能性大大增加。因此，近几年有关防侧面碰撞的安全问题已经引起人们的关注。

轿车上实行防侧撞的安全措施有两种常见方法：一种是从设计上改进轿车车厢的

图 5-14　前保险杠

图 5-15　后保险杠

结构，使其能起到分散侧撞冲击力的作用；另一种是安装车门保险杠，增强车门的防撞冲击力。后一种方法实用、简单，对车身结构的改动不大，已经普遍推广使用。

3. 按连接方式不同分类

按连接方式不同，汽车保险杠可分为普通保险杠和吸能保险杠。普通保险杠一般用螺栓或铆钉与车架刚性连接，吸能保险杠则通过吸能器与车架连接。

任务四　汽车车载音箱加装

+ 任务描述

车主李先生是个"发烧友"，他认为汽车原厂音响的音质不能满足自己的需要，希望美车堂能对汽车音响进行升级改造。工作人员很快拿出了一整套改造方案，虽然改装费用较高，但李先生还是毫不犹豫地同意了。

几天后，汽车音响改装完毕，李先生对改装后的音质十分满意。

+ 任务目标

知识要求
①掌握音响信号线布线方法及注意事项。
②掌握音响电源线布线方法及注意事项。
③掌握音响接地线连接及注意事项。
④掌握拆卸汽车音箱的步骤和流程。
⑤掌握门板清洁作业流程。
⑥掌握减振材料的安装知识。
⑦掌握吸音棉的安装方法。

技能要求

①能进行音响音频信号线的布线。

②能进行音响电源线的布线。

③能拆卸门板、内饰、防水塑料薄膜。

④能将隔音减振垫粘贴在外板内侧上。

⑤能连接扬声器的连接器，并固定扬声器。

⑥能正确安装连接器及把手，对照内饰板卡子并压入卡扣，装上拆下的螺钉。看清内饰板的卡孔，注意避免破损。

⑦能处理塑料门板，在塑料门板脆弱的地方贴上减振条。

⑧能加装吸音棉，接着再加一层吸音棉，消除塑料和铁皮摩擦的噪声。

素养要求

①严格执行工艺流程，质量意识强。

②与所有同事保持良好的合作关系。

③感受客户对服务满意度的需求。

+ 必备知识

一、汽车音频线的选购与布线

1. 汽车音频线的选购

①试一下音频线是否手感柔软，当物理参数、结构相同的两条线，越柔软的线越好。

②剥开胶皮看一下屏蔽的网是否够密集，越密集的越好，还要查看线中芯数是否足够。

③选择音频线最好是选用单独屏蔽双重同轴或是二芯环绕结构的线，如果客户是喜欢听高音的，就要选购镀银铜或纯银线，一般采购无氧铜制造的音频线就可以了。

④发烧级音频线应该选用金属壳的 RCA 接口，因为金属壳的 RCA 接口抗干扰能力强，一般的音响可选用注塑头。

2. 布线的注意事项

①购买的音频线组过长时，过长的线要折叠起来，不能卷起来，卷起来会增大感抗。

②尽量远离大流量和大干扰的设备，当确实无法避开干扰源的时候，应将屏蔽层直接落地，与电源线应以直角相交，减少电磁场的干扰，从而保证可以信号的原音传输。

二、汽车隔音降噪的基础知识

1. 汽车噪声的危害

汽车噪声对人体健康的危害是多方面的。噪声作用于人的中枢神经系统，使大脑皮层的兴奋与抑制平衡失调，导致条件反射异常，使脑血管张力遭到损害。这些生理上的变化，在早期能够恢复原状，但时间一久，就会导致病理上的变化，使人产生头痛、脑涨、耳鸣、失眠、记忆力衰退和全身疲乏无力等症状。另一方面，噪声对消化系统、心血管系统也有严重不良影响，会造成消化不良，食欲不振，恶心呕吐，从而导致胃病及胃溃疡的发病率提高，使高血压、动脉硬化和冠心病的发病率比正常情况明显提高。噪声对视觉器官也会造成不良影响。

汽车噪声还直接影响乘坐的舒适性。汽车噪声不但会增加驾驶员和乘客的疲劳，而且会影响汽车的行驶安全。根据调查可知，由车辆噪声间接引起的交通事故已经占了相当的比例。

2. 汽车隔音的作用

汽车做了隔音处理以后，可以减轻驾驶员驾车时的精神压力，使乘员感到更为舒适、平稳，同时也可以延长车辆的使用寿命。

3. 汽车隔音降噪措施

汽车在怠速、加速或不同路面行驶状态下产生的噪声，都会经底盘和车体产生共振或共鸣后将其放大而传入车内，令驾乘者感到不适。因为声音是通过振动来传播的。所以隔音降噪是运用专业声学产品进行车体减振及车内吸音的，从噪声的传播途径上进行隔除。隔音降噪主要通过以下两个途径来处理。

（1）使用减振隔音材料来达到消音降噪的目的

在车门、底盘等处粘贴减振隔音材料以起到加固车体结构和控制车体与外界噪声共振的作用。这是因为粘贴减振隔音材料后，可以改变车体的固有频率，抑制车外噪声与车体产生共振，从而有效隔离车体噪声。

（2）使用吸音材料来达到消音降噪的目的

在发动机舱盖使用吸音材料后发动机的噪声能明显降低。这是因为吸音材料是一种声学泡沫材料，它里面水平分布着开口腔与闭口腔，能有效地将噪声即声能转化为机械能和热能消耗掉，从而达到吸收噪声的目的。

这两种材料的使用并不是独立的，配合使用会达到最佳效果。

4. 汽车隔音材料的要求

汽车隔音材料的要求非常严格。具体可以归纳为以下几点。

①材料要轻。轻量化是整个汽车制造领域发展的大趋势，轻量化材料施工后不会使车身自重增加太多，增加油耗。

②隔音吸音性能好。在宽频带范围内隔音性能和吸音性能好，而且隔音吸音性能长期稳定可靠。

③有一定强度。安装和使用过程中不易破损、不易老化、耐候性能好、使用寿命长。

④外观整洁，没有污染。

⑤防潮防水，耐腐防蛀，不易发霉。

⑥不易燃烧，能防火阻燃。

⑦材料环保。不含石棉、玻璃纤维等有害物质。

⑧材料本身便于施工。如便于裁剪、粘贴牢固等。

+ 作业准备

1. 实训器材

主要实训器材见表5-4。

表5-4　主要实训器材

实训器材	用途
吸尘器	清理灰尘
隔音胶	隔音
电胶布	粘贴固定
卷尺	测量距离
音频线	传输音频信号
尖嘴钳	剪切线径较细的单股与多股线
毛巾	保护汽车内饰
保护套	保护汽车外观
扎带	固定线束
分频器	将不同频段的声音信号区分开来

2. 作业准备

①对汽车外观进行检查和记录。项目包括汽车表面车漆、玻璃、防爆膜、真皮座椅内饰等。

②检查仪表灯有没故障灯、空调、门玻璃升降功能、音响主机及其他电控功能操作是否正常等。

③把汽车外观用护套保护好、套好座椅保护套，方向盘套，再用大毛巾把中间排挡以及仪表台做好保护以防刮花。

④检查完成后关闭汽车电源，由专人保管好钥匙。

⑤以上检查如有异常应当场与车主一同确认。

+ 实训操作

任务环节	工作内容	图片
1. 全车隔音		

任务环节	工作内容	图片
1. 全车隔音	①门板：拆下门板清除门内脏污、油污和残胶，如不干净，减振材料不易粘贴，并容易脱落。用预处理剂涂将要粘贴的表面做减震前预处理。贴上减震板（铝膜），外面按相应形状再加一层，最后铺上隔音棉	
	②底盘：把座椅、中间扶手、卸下，取出地毯，同样清除脏污，按顺序贴上减震板（铝膜）	
	③叶子板：用千斤顶把车轮顶起卸下泥挡，清除干净，把减震板（铝膜）贴上	

任务环节	工作内容	图片
1. 全车隔音	④发动机盖：打开发动机盖把挡板拆下，清除干净，见凹槽位贴上减震板（铝膜）	
	⑤尾箱、尾箱盖：把内饰拆下，清除干净，按顺序贴上减震板（铝膜）	
2. 车门喇叭的更换和安装	①拆卸固定车门的螺丝，从门板下的右角开始用专用撬刀拆开门板。拆下的车门板放到专用门板架保管	
	②确认喇叭安装位置，原车高音喇叭有安装位的可原位安装，用热熔胶固定好。如无原装位须咨询车主高音喇叭的安装方式和位置后方可开孔安装。根据高音喇叭安装位置确定高音接线的布线方式	

续表

任务环节	工作内容	图片
2.车门喇叭的更换和安装	③分音器的安装及接线：分音器如果安装在门上最好上螺丝固定，装在车内也要用扎带或热熔胶固定好，安装位置远离大电源以防干扰。线头采用锡焊以防时间长而断，再用蛇皮网套上热缩管封口（红＋，黑－），最后相应接上分音器	
	④车的门板内按相应形状铺上吸音棉，检查好没问题方可装上门板	
3.功放安装及布线	①电源线必须从电池接入，在发动机舱进入驾驶舱的线束胶塞选取进线，穿线后一定保持密封，发动机机舱内的电源线必须增加波浪管作防护，保险座固定在明显的地方。驾驶室内的电源线必须跟音频信号线分开布线以防受到电流干扰。接地线应尽量短为宜，找大螺丝固定或焊铁上，喇叭线套好蛇皮网从分音器布置到功放	
	②连接音频信号线。拆出音响主机，做好防护措施，防止在接主机线过程中刮花仪表面板。需接的线：从音响主机输出的4组喇叭输出线，分别接到高转低相应的4组喇叭输入端；高转低输出的功放控制线和转换后的低电平信号通过音频信号线连接到功放	

任务环节	工作内容	图片
3.功放安装及布线		
	③选择功放安装位置。可以选择安装在前座椅下面，也可以安装在后备厢。接线前确保喇叭线都不存在搭铁的情况下，线头采用锡焊用热缩管（红＋，黑－）封口，按说明书正确连接好功放，线路要整齐、美观、安全	
4.检测与调试	①安装电源保险丝并进行通电调试。先测量12 V电源线、地线和功放控制线、指示灯后再进入调试。将功放调到直通状态，音量大小放到1/3大小位置。启动汽车，把主机音量扭至1~5挡，逐渐加大油门使发动机转速到3 000~4 000转，看喇叭是否有跟随发动机转速而改变的外来信号干扰噪声。如果正常无干扰噪声，把主机声音调至10~15挡，检查四门喇叭是否正常发声，然后调声道左右、前后，调整输入信号插头保证四门声音位置正确	
	②用相位测试仪测试相位，保证四声道高、低音喇叭相位一致，然后把声音调到最佳效果	
	③整理线束安装好音响主机和功放。安装调试完成	

+ 学习任务

1. 简单叙述汽车车载音箱加装的知识、技能、素养要求。

_____

_____

2. 作业前准备

（1）把汽车外观用_____保护好、套好座椅保护套，方向盘套，再用大毛巾把中间排挡以及仪表台保护好以防_____。

（2）检查完成后_____汽车电源，钥匙拔除保证在车外由专人保管。

3. 汽车安全设备加装

（1）简述汽车隔音操作的过程。

（2）中低音喇叭采用原位安装。测量原车中低音喇叭座的高度，确认需安装喇叭垫圈的厚度。喇叭垫圈要垫_____隔音棉，然后安装喇叭垫。各螺钉长度必须合适、垫圈安装必须牢固。如用木垫必须用502或乳胶渗透做防水作用，喇叭接线可采取_____或接_____再用热缩管套住防止松动。

（3）启动汽车，把_____音量扭至1~5挡，逐渐加大油门使发动机转速到_____转，看喇叭是否有跟随发动机转速而改变的外来噪声。如果正常无干扰噪声，把主机声音调10~15挡试下四门喇叭是否正常发声，然后调节左右、前后声道，调整_____插头保证4门声音位置正确。

+ 考核评分

实训名称：汽车车载音响加装			实习日期：			
姓名：	班级：		学号：		导师签字：	
自评：	师评：		企业评：			
序号	评分项	得分条件	分值	评分要求	自评	师评	企业评
1	安全、7S、态度	□①能进行工位 7S 操作 □②能进行设备和工具的安全检查 □③能进行车辆安全防护操作 □④能进行工具清洁、校准、存放操作 □⑤能进行三不落地操作	10	未完成1项扣2分，扣分不得超10分	□熟练 □不熟练	□熟练 □不熟练	□合格 □不合格

序号	评分项	得分条件	分值	评分要求	自评	师评	企业评
2	专业技能能力	作业一： □①能正确拆装换挡杆盖 □②能正确拆装仪表装饰条 □③能正确拆卸收音机 □④能正确连接 CD 插头 □⑤能正确安装 CD □⑥能正确检查 CD 按钮功能 作业二： □①能正确拆装门板 □②能正确拆卸原车扬声器 □③能正确加装扬声器 □④能正确加装低音炮 □⑤能正确加装音响主机 □⑥能正确进行布线和接线 □⑦能正确测试音响 □⑧能正确对车门加装隔音密封条 □⑨能正确在门饰板内加装隔音垫 □⑩能正确检测隔音效果 作业三： □①能正确拆装后备厢饰板 □②能正确拆装室内板件 □③能正确拆装室内座椅 □④能正确协助布线	50	未完成 1 项扣 5 分，扣分不得超 50 分	□熟练 □不熟练	□熟练 □不熟练	□合格 □不合格
3	工具及设备的使用能力	□①能正确使用剥线钳 □②能正确使用多功能万用表 □③能正确使用维修工具 □④能正确使用分贝仪	20	未完成 1 项扣 5 分，扣分不得超 20 分	□熟练 □不熟练	□熟练 □不熟练	□合格 □不合格
4	数据判断和分析能力	□①能判断 CD 是否工作正常 □②能判断扬声器音质是否正常 □③能判断室内隔音效果是否改善	20	未完成 1 项扣 5 分，扣分不得超 20 分	□熟练 □不熟练	□熟练 □不熟练	□合格 □不合格

+ 思考总结

你真棒！掌握本章节知识与技能后，请思考还有哪些情况会影响汽车的音质？

+ 知识拓展

1. 人的听力范围

可闻声是指正常人可以听到的声音，其频率范围为 20~20 000 Hz，20 Hz 以下的称为次声，20 000 Hz 以上的称为超音。人耳对中频 14 000 Hz 的声音最为灵敏，对低频率段和高频率段的音律则比较迟钝，对次声和超声，即使强度再大，人耳也听不到。

可闻声必须达到一定的强度才能听到，正常人能听到的强度范围为 0~140 dB。使声音能被听得见的最低声压级称为听觉阀值，它和声音的频率有关，良好的听音环境中，在 800~5 000 Hz 的听阀十分接近于 0 dB。

使耳朵感到疼痛的声压级称为痛域，它与声音的频率关系不大。通常声压达到 120 dB 时，人耳会感觉不舒服；声压级达到 140 dB 时，人耳感到疼痛；声压级超过 150 dB 时，人耳会发生急性损伤。

2. 声音的构成

单一频率的声音，称为纯音；而包含几种不同成分的声音则称为复合音。大多数的声音是由多个频率成分组合而成的复合音，如语言、音乐或噪声等。如果复合音的大多数纯音集中在高频部分，就称为高频声；集中在低频部分，就称为低频声。

当然，所谓高频声和低频声都是相对而言的，习惯上把频率低于 40Hz 的声音称为超低音，把 40~160 Hz 的声音称为低音，160~320 Hz 的声音称为中低音，把 320~2 500 Hz 的声音称为中音，把 2 500~5 000 Hz 的声音称为中高音，而 5 000 ~10 000 Hz 的声音称为高音，10 000 Hz 以上的声音统称为超高音。

在复合音分解的信号中，频率最低的一个纯音成分称为基音；比基音频率高整数倍的纯音成分称为泛音。所有的音乐器材，包括人声都是由复杂的波形组成，而各种复杂波形因其组成不同而产生声音的个性化。

［1］李仲兴.汽车装饰与美容［M］.北京：北京大学出版社，2006.

［2］谭本忠.汽车美容与装饰［M］.济南：山东科学技术出版社，2012.

［3］邢忠义.汽车美容与装饰实务［M］.北京：电子工业出版社，2008.

［4］姚时俊，闫彬.汽车美容［M］.北京：机械工业出版社，2016.

［5］张德金.汽车装饰美容实用手册［M］.北京：机械工业出版社，2004.

［6］张月昇，邱新生，李国富.汽车装饰与美容［M］.北京：科学技术文献出版社，
2015.